Kleist | Die Marquise von O…

Lektüreschlüssel XL

für Schülerinnen und Schüler

Dieses Buch wurde klimaneutral gedruckt.

Alle CO_2-Emissionen, die beim Druckprozess unvermeidbar entstanden sind, haben wir durch ein Klimaschutzprojekt ausgeglichen.

Nähere Informationen finden Sie hier:

Klimaneutral
Druckprodukt
ClimatePartner.com/14058-1912-1001

Heinrich von Kleist

Die Marquise von O...

Von Swantje Ehlers

Reclam

Dieser Lektüreschlüssel bezieht sich auf folgende Textausgabe:
Heinrich von Kleist: *Die Marquise von O....* Hrsg. von Wolfgang Pütz. Stuttgart: Reclam, 2021. (Reclam XL. Text und Kontext, Nr. 16104.)
Diese Ausgabe des Werktextes ist seiten- und zeilengleich mit der Ausgabe der Universal-Bibliothek Nr. 8002.

E-Book-Ausgaben finden Sie auf unserer Website
unter www.reclam.de/e-book

Lektüreschlüssel XL | Nr. 15531
2022 Philipp Reclam jun. Verlag GmbH,
Siemensstraße 32, 71254 Ditzingen
Druck und Bindung: Eberl & Koesel GmbH & Co. KG,
Am Buchweg 1, 87452 Altusried-Krugzell
Printed in Germany 2022

ISBN 978-3-015531-8

Auch als E-Book erhältlich

www.reclam.de

Inhalt

1. Schnelleinstieg 7

2. Inhaltsangabe 10

3. Figuren 16

Die Marquise von O... 18
Der Graf F... 20
Der Obrist, Herr von G... 21
Die Obristin 22
Der Forstmeister 23
Nebenfiguren 23

4. Form und literarische Technik 25

Aufbau 25
Erzählverfahren 27
Der Erzähler 29
Die Sprache 32
Die visuelle Kommunikation 33
Gattung: Novelle 36

5. Quellen und Kontexte 39

6. Interpretationsansätze 44

Zur Sozialgeschichte 44
Die Tat 49
Der Täter 50
Die äußeren Folgen der Tat 54
Die inneren Folgen der Tat 56
Die Ohnmacht 61
Die Lösung 65
Thematische Zusammenhänge 69

7. Autor und Zeit 74

Kurzbiographie 74
Werkübersicht 88
Literaturgeschichtliche Einordnung 99

8. Rezeption 103
9. Prüfungsaufgaben mit Lösungshinweisen 112
10. Literaturhinweise/Medienempfehlungen 120
11. Zentrale Begriffe und Definitionen 124

1. Schnelleinstieg

Autor	Bernd Heinrich Wilhelm von Kleist, laut Kirchenbuch und Taufzeugnis am 18. Oktober 1777 in Frankfurt an der Oder geboren, nach eigener Angabe und laut Grabinschrift jedoch am 10. Oktober. Freiwillig in den Tod gegangen am 21. November 1811 am Kleinen Wannsee.
Erscheinungsjahr	• 1808 Abdruck im 2. Heft der Kulturzeitschrift *Phöbus*; • 1810 im 1. Band der *Erzählungen*
Gattung	Novelle
Handlung	1799 während des 2. Koalitionskrieges in Oberitalien
Erzählaufbau	Unterteilung in zwei Abschnitte durch eine inhaltliche Zäsur
Adaptionen	• mehrere Bühnenbearbeitungen und Verfilmungen • eine Oper (1959), ein Kammerspiel (1975) • ein Fotoroman (2011), eine Graphic Novel (2011) • mehrere Lesungen/Hörbücher

Kleist hat vermutlich während seiner Kriegsgefangenschaft in Frankreich an der Novelle gearbeitet und sie 1807 in Dresden beendet. Im Mittelpunkt steht die verwitwete Marquise von O…, die in rätselhafte und existenzbedrohende Geschehnisse verstrickt wird, deren Ursache sie nicht kennt und um deren Aufklärung sie kämpft.

Das Geschehen spielt 1799 in einer Festung in Oberitalien, die von russischen Truppen angegriffen wird. Der Kommandant der Festung, der Obrist Herr von G…, ist der Vater der Marquise. Auf ihrer Flucht vor dem Feuer, das die russischen Soldaten gelegt haben, fällt die Marquise in die Hände feindlicher Scharfschützen. Ein russischer Offizier, Graf F…, kommt ihr zu Hilfe und schützt sie vor den eigenen Soldaten, die sie bedrohen. Als der Graf sie in einen sicheren Teil der Festung führt, fällt sie in Ohnmacht und er vergeht sich an ihr. Der Graf begibt sich wieder in das Kriegsgefecht und beendet es. Die Soldaten, die die Marquise misshandelt haben, werden zum Tode verurteilt.

In einer Schlacht kommt der Graf angeblich zu Tode. Doch tatsächlich hat er überlebt und taucht unerwartet im Hause des Obristen auf. Eindringlich hält er um die Hand der Marquise an und bringt die Familie in Verlegenheit, da seine überstürzte Werbung gegen alle Konventionen verstößt. Sie einigen sich auf einen Kompromiss, um Bedenkzeit zu gewinnen, und der Graf reist weiter, um seinen Geschäften nachzugehen.

Inzwischen ist die Vergewaltigung nicht ohne Folgen geblieben. Die Marquise ist schwanger. Ihre wiederholte Beteuerung, sie wisse nicht, wie sie in andere Umstände gekommen sei, glauben ihr die Eltern nicht, und der Vater verstößt sie. Sie zieht sich darauf mit ihren zwei Kindern auf ihren Landsitz zurück. In einer Zeitungsannonce macht sie ihre Schwangerschaft öffentlich und fordert den Vater ihres ungeborenen Kindes auf, sich zu melden. Am nächsten Tag erscheint die Antwortannonce des Gesuchten, er werde sich am Dritten des Monats im Hause des Kommandanten einfinden. Die Familie ist inzwischen von der Unschuld ihrer Tochter überzeugt und hat sie wieder aufgenommen.

Zu aller Überraschung erscheint der Graf F… zum angegebenen Zeitpunkt und bekennt sich zu seiner Tat. Die Marquise reagiert zuerst voller Abwehr, stimmt jedoch auf Drängen der Eltern einer formalen Ehe zu. Bei der Taufe des Sohnes macht der Graf ihm ein reiches Geldgeschenk und erklärt in einem Testament die Marquise, die inzwischen Gräfin geworden ist, zur Alleinerbin seines Vermögens. Nach einem Jahr vergibt sie ihm und es findet eine zweite (Liebes-)Heirat statt.

Das Motiv der Vergewaltigung einer ohnmächtigen oder schlafenden Frau ist in der europäischen Literatur und in der zeitgenössischen populären Sensationsliteratur weitverbreitet. Dennoch hat die zeitgenössische Leserschaft ablehnend auf *Die Marquise von O…* reagiert, weil sie die erotischen Inhalte als unmoralisch empfand.

2. Inhaltsangabe

Schauplatz

Die Novelle spielt während des 2. Koalitionskrieges (1799–1802) im Jahr 1799 in Oberitalien, das von russischen Truppen besetzt ist. Das Bündnis Österreich, Russland und Großbritannien kämpft gegen Frankreich und befreit schließlich die französisch beherrschten Republiken in Oberitalien und Neapel. Die Abkürzungen der Namen von Städten und Ortschaften lassen sich nicht eindeutig aufschlüsseln, es kommen jeweils verschiedene Städte infrage, wie *B...* für Brescia, Bergamo oder Bologna oder *M...* für Mantua, Mailand oder Modena.[1]

Kriegssituation

Die verwitwete Marquise von O... lebt mit ihren zwei Töchtern im Hause ihres Vaters, des Obristen von G.... Er ist Kommandant einer Festung bei M..., die er gegen die Angriffe russischer Truppen verteidigt. In einer Nacht erstürmen diese die Zitadelle und legen Feuer im Wohngebäude des Palastes, so dass die Frauen daraus fliehen müssen. Als russische Soldaten die Marquise ergreifen und davonschleppen, kommt ihr ein russischer Offizier, Graf F..., zu Hilfe und rettet sie vor einer drohenden Vergewaltigung. Er führt sie in einen sicheren, nicht brennenden Flügel der Festung, wo sie ohnmächtig niedersinkt. Ihre Frauen eilen herbei, und der Graf kehrt in das Gefecht zurück, ordnet Maßnahmen zur Löschung des Feuers an und beendet den Kampf. Der Kommandant muss sich

1 Sabine Doering, *Erläuterungen und Dokumente. Heinrich von Kleist. Die Marquise von O...*, Stuttgart 2004, S. 10.

ergeben. Der General der russischen Truppen lässt die fünf Soldaten, die sich an der Marquise vergehen wollten, erschießen.

Kurz nachdem der Graf das Fort verlassen hat, trifft bei der Familie des Kommandanten die Nachricht ein, der Graf F… sei in der Schlacht mit feindlichen Truppen getötet worden und sein letzter Ausruf sei gewesen: »Julietta! Diese Kugel rächt dich!« (S. 8) Die Marquise bedauert die Frau, die den gleichen Namen trägt wie sie selbst, kann sie jedoch nicht ausfindig machen, um ihr Beileid auszusprechen. Die Familie des Obristen G… muss die Festung verlassen und zieht in ein Stadthaus ein. Sie kehrt zu einem normalen Leben zurück.

■ Todesnachricht

Ganz unerwartet taucht nach einigen Monaten der tot geglaubte Graf F… im Hause des Obristen auf und hält eindringlich um die Hand der Marquise an. Die Familie ist befremdet über den jungen Offizier, da er gegen alle Konventionen so überstürzt eine ihm unbekannte Frau heiraten will, und kann sein Verhalten nicht verstehen. Der Vater bittet um Bedenkzeit, damit sich der Graf und seine Tochter näher kennenlernen können, bevor eine Entscheidung getroffen wird. Auch möchte er Erkundigungen über den Grafen einholen, um zu prüfen, ob er ein geeigneter Ehemann ist.

■ Heiratsantrag des Grafen

Der Graf, der sich auf einer Geschäftsreise nach Neapel befindet, trifft Maßnahmen, um seine Reise abzubrechen und als Gast im Hause des Kommandanten zu bleiben. Er möchte auf die Zusage der Marquise warten. Beim Abendessen berichtet er von seiner Krankheit infolge der Schussverletzung und seinen fiebrigen Träumen, in denen sich die Erinnerung an ein Kindheitserlebnis mit der Vorstellung von der Marquise verbanden: Er habe als Junge einen Schwan, namens Thinka, mit Schmutz beworfen, der aber jedes Mal rein aus dem Wasser wiederaufgetaucht sei. Er schließt mit einem Liebesgeständnis an die Marquise.

■ Geschichte vom Schwan

Da dem Grafen wegen Dienstverweigerung und Ungehorsam eine unehrenhafte Entlassung aus dem Militärdienst droht, wenn er seinen Verpflichtungen nicht nachkommt, ist die Familie sehr besorgt. Sie versprechen ihm, dass die Marquise während seiner Abwesenheit keine andere Verbindung eingehen werde. Sollten die Erkundigungen über ihn positiv ausfallen, würde sie ihm ihr Jawort geben. Diese Zusicherung reicht dem Grafen, und er reist nach Neapel ab.

■ Aussicht auf Eheversprechen

Mehrere Wochen sind inzwischen vergangen. Die Marquise wird zunehmend kränklich und ihre äußere Gestalt verändert sich. Sie lässt sich von einem Arzt untersuchen, der feststellt, dass sie schwanger ist. Sie ist entsetzt und beteuert gegenüber ihrer Mutter, sich keines Fehltritts bewusst zu sein. Mutter und Tochter sind ratlos und finden keine Erklärung dafür, dass die Marquise trotz ihres reinen Gewissens Symptome einer Schwangerschaft zeigt. Sie ziehen daher noch eine Hebamme hinzu, die jedoch die Schwangerschaft bestätigt. Als die Hebamme der Marquise einen unsittli-

■ Schwangerschaft

chen Lebenswandel unterstellt, fällt diese in Ohnmacht.

Die Eltern sind empört und glauben nicht an die Unschuld ihrer Tochter. Der Vater fordert sie auf, das Haus zu verlassen, ihre Kinder aber zurückzulassen. Dem widersetzt sich die Marquise und fährt mit ihren beiden Kindern auf ihren Landsitz nach V.... Sie lebt dort zurückgezogen und bereitet sich auf die Geburt des Kindes vor.

■ Verstoßung aus der Familie

Die Marquise weiß nicht, wie die Schwangerschaft zustande gekommen ist, und fühlt sich von ihren Eltern ungerecht behandelt. Sie fasst daher den Entschluss, eine Anzeige in einer Zeitung aufzugeben, in der sie ihre Schwangerschaft bekannt gibt und den Vater ihres ungeborenen Kindes aufruft, sich zu melden. Sie sei bereit, ihn zu heiraten, um ihr uneheliches Kind vor der gesellschaftlichen Ausgrenzung zu schützen.

■ Zeitungsannonce

Graf F... ist inzwischen aus Neapel zurückgekehrt, und der Forstmeister, der Bruder der Marquise, klärt ihn über die Geschehnisse auf. Zum völligen Unverständnis des Forstmeisters reitet der Graf auf das Landgut hinaus, und es gelingt ihm, in den Garten des verschlossenen und bewachten Anwesens einzudringen. Als er die Marquise in einer Gartenlaube antrifft und seinen Heiratsantrag wiederholt, weist sie ihn ab und flieht vor ihm ins Innere des Hauses.

■ Rückkehr des Grafen

Am nächsten Tag erscheint auf die Anzeige der Marquise in derselben Zeitung die Antwort eines Unbekannten. Der Betreffende wolle sich am Dritten des

■ Antwortannonce

Monats um 11 Uhr im Hause des Kommandanten einfinden und sich der Marquise von O… zu Füßen werfen. Für den Vater ist diese Antwort ein weiterer Beleg für die Heuchelei seiner Tochter. Er unterstellt ihr und dem Mann, sie wollten ihm eine Lügengeschichte für ihren Fehltritt auftischen, damit er ihr verzeihe.

Wahrheitsprüfung

Inzwischen sind der Obristin Zweifel gekommen, ob ihre Tochter wirklich schuldig ist. Um die Wahrheit herauszufinden, fährt sie zum Landsitz hinaus und erfindet die Geschichte, Leopardo, der Bedienstete des Obristen, habe gestanden, der gesuchte Übeltäter zu sein. Die Marquise zweifelt nicht an der Geschichte und erinnert sich sogar an eine Situation in der Mittagsstunde, die ein Vergehen von Leopardo möglich gemacht haben könnte. Ihre Reaktion beweist der Mutter, dass ihre Tochter wirklich nicht weiß, wie die Schwangerschaft zustande gekommen ist, und sie versöhnen sich.

Wiederaufnahme in die Familie

Die Obristin und ihre Tochter fahren zusammen nach M…, und es kommt zu einer körperlich innigen und rührseligen Versöhnung zwischen Vater und Tochter, die die Grenzen eines Vater-Tochter-Verhältnisses überschreitet. Die Familie bereitet sich auf den folgenden Tag, an dem um 11 Uhr der Vater des Kindes erscheinen soll, vor. Gespannt warten sie auf den Moment, in dem dieser im Haus erscheint.

Der Dritte des Monats

Zu ihrer aller Überraschung handelt es sich um Graf F…, der am Dritten des Monats, bekleidet mit seinem Kriegsrock wie in der Brandnacht, eintrifft und sich zur Vaterschaft und Vergewaltigung bekennt. Die

Marquise ist entsetzt, verteufelt ihn, weigert sich, ihn zu heiraten, und stürzt davon (S. 44). Die Eltern dagegen vergeben ihm und drängen ihre Tochter, das Eheversprechen einzuhalten. Nachdem der Graf einen Heiratsvertrag, in dem er zu seinen Pflichten steht, aber auf alle Rechte eines Ehemannes verzichtet, unterzeichnet hat, stimmt die Marquise einer formalen Ehe zu und wird nun Gräfin.

Bei der Taufe des Kindes vermacht der Graf F... ihm eine größere Geldsumme und überreicht der Gräfin ein Testament, in dem er sie als alleinige Erbin seines Vermögens einsetzt. Zunehmend gewinnt er das Vertrauen der Familie und der Gräfin, die ihm endlich sein Vergehen verzeiht. Nach einem Jahr findet eine zweite Hochzeit statt. Das Paar lebt zusammen auf dem Landgut und hat noch mehrere gemeinsame Söhne.

Versöhnliches Ende

3. Figuren

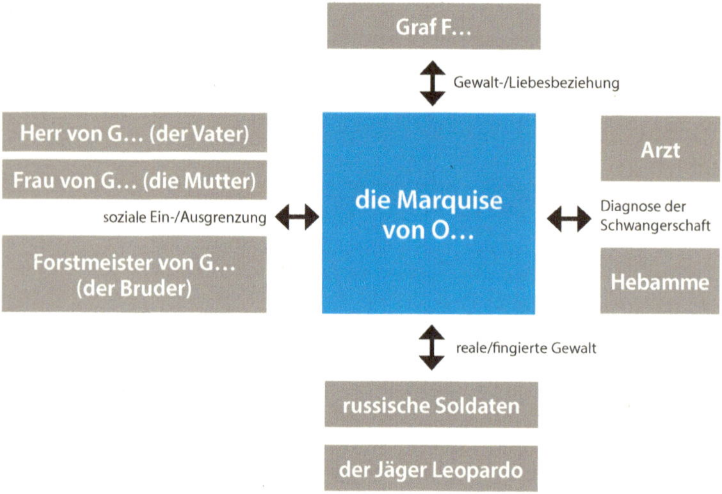

Abb. 1: Figurenübersicht

Die Figuren werden durch den Erzähler charakterisiert, der sie vorwiegend aus der erzählerischen Außensicht darstellt, mit nur wenigen Hinweisen auf innere Vorgänge. Die Figuren charakterisieren sich aber auch selbst durch ihre Handlungen, ihr Verhalten und ihre Sprache. Kleist setzt insbesondere die Körpersprache der Figuren ein (Mimik, Gestik, Ohnmacht, Tränen, Fluchtbewegungen), um ihre inneren Reaktionen, Gefühle und Einstellungen auszudrücken. Sie geben ebenfalls Aufschluss über ihre Charakterzüge.

Die im Mittelpunkt stehenden Figuren gehören dem Adel an, werden durch ihren Adelstitel (Graf, Marquise), ihre militärische Rangbezeichnung (Kommandant, Obrist) und Berufsbezeichnung (Forstmeister) gekennzeichnet. Der Graf F… steht als Angehöriger des hohen Adels sozial über dem Obristen G… und seiner Familie, die dem niederen Adel angehören. Die Familie des Obristen ist in ihrem Denken und Handeln moralischen Standards und Ehrvorstellungen der bürgerlichen Gesellschaft verpflichtet.

Sozialer Kontext

Um eine Person identifizieren zu können, braucht sie einen Namen. Bei Kleist werden die Namen auf den Großbuchstaben mit drei Auslassungspunkten dahinter abgekürzt. Einen Vornamen erhalten nur die Marquise (Julietta) und der Obrist (Lorenzo). Lorenzo wird der Obrist nur von seiner Frau genannt (S. 19, 34). Die Mutter spricht ihre Tochter mit dem Vornamen an, als sie diese beschwört, die Wahrheit über ihre Schwangerschaft zu sagen (S. 24, 25), und als die Marquise beim Erscheinen des Grafen am Dritten des Monats völlig verwirrt ist (S. 44, 45). Der Graf nennt drei Mal den Vornamen der Marquise: bei seiner Verwundung (S. 8), seiner Werbung (S. 20) und in der Gartenlaube (S. 31). Der Name Julietta spielt vermutlich auf Jean-Jacques Rousseaus Briefroman *Julie oder Die neue Heloise* (1761) an, ein Bezugstext dieser Novelle (siehe Kap. 5).

Namen

Die Kürzung der Namen war in der Literatur des 18. Jahrhunderts ein verbreiteter Kunstgriff, um die Glaubwürdigkeit des Berichteten zu unterstreichen und reale Personen durch Anonymität zu schützen. Den Anfangsbuchstaben O des Nachnamens der Titelheldin hat die Forschung in verschiedener Richtung aufgelöst: als Verweis auf italienische Adelsnamen, als Mariensymbol und Symbol für das weibliche Geschlecht. Das F steht für das lateinische Wort *fecit* (wörtlich: »der es gemacht hat«) und ist in der Rechtsgeschichte das Zeichen für einen überführten Täter.[2]

Die Marquise von O…

Von der Titelheldin, ihrem Äußeren und ihrem früheren Leben erfahren die Leserinnen und Leser wenig. Als Witwe »von vortrefflichem Ruf« (S. 3) und Mutter zweier Kinder ist die Marquise von ihrem Landgut in das Haus der Eltern zurückgekehrt, widmet sich der Kindeserziehung, der Pflege der Eltern und geht ihren Neigungen für Kunst und Lektüre nach. Sie ordnet sich der väterlich-patriarchalischen Familienstruktur unter und lebt zurückgezogen innerhalb der Familie. An eine erneute Vermählung denkt sie nicht. Zu ihren Eltern hat sie eine enge emotionale Beziehung. Ihre Mutter zieht sie angesichts ihrer körperlichen Veränderungen ins Vertrauen, und die Versöhnung mit dem Vater ist voller Gefühl und körperlicher Intimität.

2 Dirk Grathoff, »*Die Marquise von O…*. Drei Annäherungsversuche an eine komplexe Textstruktur«, in: *Interpretationen. Erzählungen und Novellen des 19. Jahrhunderts.* Bd. 1, Stuttgart 1988, S. 97–131, hier: S. 106.

Bei der Werbung des Grafen hält sie sich zurück und überlässt ihrer Familie das Gespräch und das weitere Vorgehen, wie es gesellschaftlichen Konventionen entspricht. Sie äußert sich gemischt über den Grafen, der ihr zugleich »gefällt und missfällt« (S. 18). Zeichen einer inneren Erregung und Ausdruck, dass ihre Empfindungen gegenüber dem Grafen nicht nur Dankbarkeit sind, sind ihr Erröten, ihre stockende Stimme, glänzende Augen und der unruhige Blick: Einen erneuten Antrag würde sie »um der Verbindlichkeit willen« annehmen: »– sie stockte, und ihre Augen glänzten, indem sie dies sagte« (S. 18).

■ Gefühle

Im Laufe des Handlungsgeschehens verändert sich die Marquise von einer fügsamen, in sich gekehrten Frau zu einer emanzipierten. Nachdem die Familie sie verstoßen hat, nimmt sie ihr Leben selbst in die Hand und widersetzt sich der Autorität des Vaters, indem sie gegen seinen Befehl ihre Kinder mit auf ihren Landsitz nimmt. Mit dem Zeitungsinserat geht sie einen mutigen Schritt, da sie einen Skandal riskiert.

■ Selbstbewusstsein

Die Marquise reagiert in Bezug auf den Grafen widersprüchlich. Sie fühlt sich von ihm angezogen, wie die einvernehmliche Umarmung im Garten signalisiert (S. 31), und zugleich weist sie ihn zurück. Im Zeitungsinserat gibt sie ein Eheversprechen und bricht es, als der Graf F… sich als Kindsvater zu erkennen gibt. Sie ist voller Emotionen, die sie mehrfach überwältigen, wie an ihrer Bestürzung angesichts der Diagnose von Arzt und Hebamme, ihren Tränen, ihrem Kniefall vor dem Vater, ihren Ohnmachten und ihrer

■ Widersprüche

Befürchtung, durch die nervlichen Zerreißproben wahnsinnig zu werden (S. 23, 25, 44), zu erkennen ist. Mit dem Bekenntnis des Grafen, sich an ihr vergangen zu haben, stürzt ihr überhöhtes Bild von ihm als Retter und Engel ein, und sie reagiert mit aggressiver Abwehr und Feindschaft. Dennoch heiratet sie ihren Vergewaltiger und gründet mit ihm eine Familie.

Der Graf F…

Der Graf F… ist ein vermögender russischer Offizier, der den deutschen Adelstitel »Graf« trägt. Er genießt ein hohes Ansehen, ist Träger mehrerer Orden (S. 6) und in diplomatischer Mission unterwegs. Äußerlich, so erfahren die Leserinnen und Leser, ist er »schön, wie ein junger Gott« (S. 9). Über sein Vorleben wird lediglich mitgeteilt, dass er keine Eltern mehr hat, nur einen Onkel, den General K…. Indem er nach der Rettung der Marquise das Feuer löscht, die Zitadelle erobert und die Kämpfe schließlich beendet, zeigt er sich als kriegerischer, entschlossener Held. Im Kontrast zu den gemeinen Soldaten, die der Erzähler als »Rotte« und lüsterne »Hunde« (S. 4) bezeichnet, wird die Figur des Grafen positiv aufgebaut. Er rettet eine Frau und gibt sich als Kavalier mit höflichem und kultiviertem Auftreten (bietet der Marquise den Arm, spricht sie auf Französisch an [S. 5]).

Eine mehrschichtige Figur

Aber der Graf ist eine komplexe Figur; das positive Bild bekommt Risse. Seine Umgangsformen stehen im Widerspruch zu seinem brutalen Verhalten gegenüber den Soldaten: »Er stieß noch dem letzten viehischen Mordknecht [...] mit dem Griff des Degens ins Gesicht, dass er, mit aus dem Mund vorquellendem Blut, zurücktaumelte« (S. 5). Vor allem entspricht das positive Bild vom Grafen nicht der Tatsache, dass er die Situation der ohnmächtigen Marquise ausgenutzt hat, um sich an ihr zu vergehen und ihr Vertrauen zu brechen. Kultiviertheit und Nicht-Beherrschen sexuellen Begehrens in einer außergewöhnlichen Situation sind zwei Seiten der Figur.

Durch seine Gewalttat unterläuft der Graf zwar das Bild des positiven Helden, aber er entspricht auch nicht dem Klischeebild eines skrupellosen Vergewaltigers, Verbrechers oder Unmenschen. Vielmehr hat er moralisches Bewusstsein. Er weiß, dass er sich schuldig gemacht hat, und bereut seine Tat. Wiederholt werden körperliche Reaktionen wie Erröten und Erblassen (S. 12, 29) beschrieben. Sie drücken Scham und Reue aus über die Schuld, die er mit sich trägt. Auch wird er als gefühlvoller Mann dargestellt, der die Marquise nicht nur aus Pflichtgefühl und zur Wiedergutmachung seiner Vergewaltigung heiraten will, sondern auch aus Zuneigung.

■ Moralische Einsicht

Der Obrist, Herr von G...

Der Obrist ist Kommandant der Zitadelle und Oberhaupt der Familie. Militärische Disziplin und Dienstpflichten stellt er über die Familie, die er in der Zitadelle nicht schützen kann (S. 4). Nach außen tritt er als

Familienoberhaupt auf, indem er seine Macht und Befehlsgewalt ausübt (Verstoßung der Tochter), nach innen jedoch ist er schwach. Er verliert an Autorität, indem seine Tochter und seine Frau sich seinen Befehlen widersetzen (Mitnahme der Kinder, Kontaktaufnahme zur Tochter). In seinem Wertesystem ist er bürgerlichen Moral- und Ehrvorstellungen verpflichtet, die durch die Schwangerschaft seiner Tochter verletzt werden. Da er von ihrer Schuld überzeugt ist und die Ehre des Hauses beschädigt sieht, verstößt er sie voll Härte. Aber zur Figur des Obristen gehören auch die überstarken Gefühle für seine Tochter, die ihn bei der Versöhnung überwältigen.

Die Obristin

Die Obristin nimmt einerseits die traditionelle Rolle der Frau ein und ordnet sich ihrem Mann unter, andererseits handelt sie eigenmächtig, steuert die Abläufe innerhalb der Familie, prüft die Glaubwürdigkeit ihrer Tochter durch eine erfundene Geschichte und holt sie ins elterliche Haus zurück. Gegenüber ihrer schwangeren Tochter ist sie emotional hin- und hergerissen. Sie verurteilt sie, dann wieder kommen ihr Zweifel und sie hält die Verstoßung aus dem Elternhaus für zu hart. In der Erkennungsszene am Dritten des Monats beherrscht sie die Situation, hält ihre Tochter davon ab fortzulaufen, erklärt ihr das Erscheinen des Grafen und drängt auf einen frühen Hochzeitstermin. Ein weiterer Zug der Obristin ist ihr sozialer Ehrgeiz. Sie begrüßt eine erneute Verheiratung der Tochter und drängt auf Versöhnung statt auf Verurteilung. Der soziale Rang und das Vermögen des Grafen sind ihr wichtiger als die Verletzung der eigenen Tochter.

Der Forstmeister

Der Forstmeister führt im Wesentlichen die Anweisungen des Obristen aus und gewinnt kein eigenes Charakterprofil. Gegenüber dem Grafen fungiert er als Bote, der ihn nach seiner Rückkehr aus Neapel über die Situation informiert. Er hat wenig Verständnis für dessen Haltung, eine mit Schuld beladene und von der Gesellschaft geächtete Frau in ihrem Landsitz aufzusuchen und sie trotz allem noch heiraten zu wollen.

Nebenfiguren

Hebamme, **Arzt** und **Leopardo** gehören der unteren sozialen Schicht an. Sie spielen innerhalb des Handlungsgeschehens eine rein funktionale Rolle. Arzt und Hebamme diagnostizieren die Schwangerschaft und rücken die Marquise in die Rolle einer unsittlichen Frau.

Leopardo erhält als Figur keine eigene Stimme. Er wird von der Obristin benutzt, um die Marquise und ihre Glaubwürdigkeit zu testen. Durch seine soziale Stellung und seine Unschuld, die Gewalttat wird ihm lediglich angehängt, wird er zu einer Gegenfigur des Grafen. Die Obristin nennt seinen Namen in Verbindung mit seinem Beruf: »Leopardo, der Jäger« (S. 37). Der Name Leopardo (ital. für Leopard, lat. *leopardus*: ›gefleckter Löwe‹) ist ein sprechender Name, der eigentlich etwas über den Charakter seines Trägers aussagt. Er hat symbolische Bedeutung, da der Leopard innerhalb der überlieferten Tiersymbolik häufig für Wildheit, Fruchtbarkeit, Aggressivität und Stärke steht. Doch in diesem Fall spiegelt sich im Namen nicht der Namensträger. Die Obristin nutzt den sprechenden Namen und die damit verbundenen Eigenschaften für ihre Lügengeschichte. Aber Leopardo ist weder eine Raubkatze noch ein Jäger, der eine Frau zur Beute macht, wie die Obristin in ihrer erfundenen Geschichte unterstellt.

4. Form und literarische Technik

Die Novelle ist vorwiegend auf Handlungen bezogen und verzichtet weitgehend auf Beschreibungen und erzählerische Kommentare. Zum Bericht über das äußere Geschehen kommen viele dialogisch gestaltete Szenen hinzu, die eine Nähe zum Drama herstellen.

Aufbau

Mit der Zeitungsanzeige, in der »eine Dame von vortrefflichem Ruf« (S. 3) den Vater ihres ungeborenen Kindes aufruft, sich zu melden, wird ein rätselhafter Fall an den Anfang der Novelle gesetzt, der eine Reihe von Fragen erzeugt: Was ist wann, wie und durch wen geschehen? Wieso ist die Verfasserin ohne ihr Wissen »in andre Umstände gekommen« (S. 3)? Warum geht sie damit an die Öffentlichkeit?

Nach der Annonce stellt der Erzähler die Dame näher vor: »Die Dame, die einen so sonderbaren, den Spott der Welt reizenden Schritt [...] tat, war die Tochter des Herrn von G....« (S. 3). Er berichtet dann über die Vorgeschichte der Marquise, die vor ungefähr drei Jahren ihren Gemahl, den Marquis von O..., verloren hatte. Dieser Rückblick reicht zeitlich bis zu dem Moment, als der Krieg ausbricht. Hier wechselt der Erzähler vom Plusquamperfekt (»hatte [...] verloren«) ins Imperfekt: »bis der [...] Krieg plötzlich die Gegend umher mit den Truppen [...] erfüllte.« (S. 3) Von jetzt an werden die Geschehnisse fortlaufend

■ Die Vorgeschichte

Abb. 2: Aufbau der Novelle

entwickelt, bis der Erzähler den Zeitpunkt, zu dem die Marquise den Aufruf in der Zeitung aufgibt, eingeholt hat und damit in der Erzählgegenwart angekommen ist. Er weist die Leserinnen und Leser selbst darauf hin:

»[Die Marquise] ließ jene sonderbare Aufforderung in die Intelligenzblätter von M… rücken, die man am Eingang dieser Erzählung gelesen hat.« (S. 29)

Die Anzeige stellt eine Zäsur dar, die die Novelle in zwei Teile untergliedert. Im ersten Teil wird der Konflikt aufgebaut und über die Verstoßung der Marquise und ihren moralischen und psychischen Absturz berichtet. Im zweiten Teil werden das innere Leiden der Marquise, ihre Rückkehr in die Familie, das Bekenntnis des Grafen und die versöhnliche Lösung des Konfliktes dargestellt.

Zweiteilung der Novelle

Erzählverfahren

Der Beginn der Novelle mit einem rätselhaften Fall, der mit einem in der Vergangenheit liegenden Vergehen verknüpft ist und schrittweise aufgedeckt wird, bis der Schuldige erkannt wird, ist typisch für das analytische Erzählen. Es kennzeichnet die Kriminalerzählung ebenso wie bestimmte Dramen, z. B. Kleists *Der zerbrochene Krug* (1811). Dem Schema von rätselhaftem Geschehen und Enthüllung, das die Handlung bestimmt, liegen tiefergreifende Sinnzusammenhänge zugrunde, in denen es um weibliche Identität, sexuelle Gewalt und die bürgerliche Familie geht.

Die analytische Erzählweise strukturiert nicht nur den Aufbau der Novelle, sondern auch die Lektüre der Leserinnen und Leser. Sie erhalten mehrere Hinweise

Der Lektürevorgang

auf das verborgene Geschehen in der Brandnacht und wissen sehr bald, was der Graf getan hat. Aus Verhaltensweisen, Andeutungen und Reaktionen des Grafen, wie beispielsweise seinem Erröten, als der General ihn wegen der Rettung der Marquise lobt (S. 7), oder seiner Erzählung vom Schwan, mit der er sein Vergehen bekennt (S. 17, siehe auch den Abschnitt »Der Täter« in Kap. 6), können sie ihre Schlüsse ziehen. Dadurch haben die Leserinnen und Leser einen Wissensvorsprung vor den Figuren und können das, was diesen rätselhaft und unerklärlich erscheint, auflösen.

Wissensverteilung

Das Wissen innerhalb der Figurenwelt ist ebenfalls unterschiedlich verteilt. Der ungleiche Kenntnisstand über die wahren Geschehnisse während der Brandnacht und deren Folge, die Schwangerschaft, führt zu Widersprüchen und Fehleinschätzungen der betroffenen Figuren. Für die Marquise und ihre Familie ist der Graf der Retter in einer bedrohlichen Situation. Aufgrund dieses Bildes vom Grafen sprechen sie ihm »vortreffliche[n] Eigenschaften« zu (S. 18). Die Schwangerschaft, die auf ein sexuelles Geschehen verweist, deuten die Eltern als Resultat eines Fehlverhaltens und verurteilen ihre Tochter zu Unrecht. Bild und Realität stimmen bei den Familienmitgliedern nicht überein. Aufgrund mangelnden Wissens ist ihre Sicht auf die Wirklichkeit eingeschränkt und wird zur Quelle von Irritationen und Fehldeutungen.

Der Erzähler

Der Erzähler gehört nicht zur Figurenwelt der Novelle und zeigt Kompetenzen und ein Verhalten, die ihn als einen auktorialen Er-Erzähler ausweisen. Dazu gehört die Fähigkeit, das Erzählgeschehen zeitlich zu organisieren, Geschehnisse im Rückblick nachzutragen, Vorgänge in der erzählten Welt zu überspringen, wie die Reise des Grafen nach Neapel, und zeitliche Geschehnisse zu raffen wie das erste Jahr der Ehe (»nach Verlauf eines Jahres« [S. 47]). Der Erzähler besitzt Kenntnisse über die Vorgeschichte der Figuren und gibt teilweise Einblick in innere Vorgänge.

Leseransprache

Auktorial ist zudem die direkte Kommunikation mit den Leserinnen und Lesern, die er auf das Zeitungsinserat zu Beginn der Novelle hinweist (S. 29). Ein weiteres Mal spricht der Erzähler den Leser direkt an, als der Forstmeister den Grafen nach seiner Rückkehr aus Neapel über die Ereignisse, die sich inzwischen zugetragen haben, informiert:

> »Hierauf unterrichtete ihn der Forstmeister [...] und gab ihm [dem Grafen] die Geschichtserzählung dessen, was unsre Leser soeben erfahren haben.« (S. 29)

Mit der Leseransprache tritt der Erzähler deutlich in Erscheinung und zeigt, dass er über die Vorgänge in der erzählten Welt souverän verfügt.

Mit direkten Kommentaren und Erläuterungen hält sich der Erzähler weitgehend zurück, doch an

Erzählerwertung

mehreren Stellen bringt er seine Wertung zum Ausdruck, wie im Fall der Soldaten, die sich der Marquise bemächtigt haben:

> »Vergebens rief die Marquise, von der entsetzlichen, sich untereinander selbst bekämpfenden, Rotte bald hier, bald dorthin gezerrt [...]. Man schleppte sie in den hintersten Schlosshof [...], als [...] ein russischer Offizier erschien, und die Hunde, die nach solchem Raub lüstern waren, mit wütenden Hieben zerstreute.« (S. 4)

Unmissverständlich verurteilt der Erzähler mit seiner drastischen Sprache (»Rotte«) und dem Tiervergleich (»Hunde«) die Soldaten und ihre Handlungsweise. Positiv bewertet der Erzähler vor allem seine Heldin. Er lobt den »ganzen Stolz der Unschuld« (S. 27), mit dem sie sich über den Vater und Bruder hinwegsetzt und ihre Kinder mitnimmt, und ihren Verstand, der stark genug ist, »in ihrer sonderbaren Lage nicht zu reißen« (S. 28).

Der unzuverlässige Erzähler

Aber dem Erzähler und seinen Wertungen ist nicht zu trauen. Seine Kommentare sind bisweilen irreführend, wie in dieser Passage:

> »Immer noch sträubte sie [die Marquise] sich, mit dem Menschen, der sie so hintergangen hatte, in irgendein Verhältnis zu treten: indem sie sehr richtig schloss, dass derselbe doch, ohne alle Rettung, zum Auswurf seiner Gattung gehören müsse, und, auf

> welchem Platz der Welt man ihn auch denken wolle, nur aus dem zertretensten und unflätigsten Schlamm derselben, hervorgegangen sein könne.« (S. 29)

Der Erzähler kommentiert die Überlegung der Marquise, der Schuldige müsse aus dem tiefsten Schlamm kommen, als sehr richtig, obwohl er weiß, dass der Vater des Kindes diesem Bild nicht entspricht, sondern ein kultivierter Mann von hohem Stand ist. Er bekräftigt die falsche Sichtweise der Marquise, treibt ein ironisches Spiel mit der Figur und steigert damit den Kontrast von Vorstellung und Wirklichkeit. Da seine Wertung falsch ist, erweist der Erzähler sich als unzuverlässig.

Außen-/ Innensicht

Der Erzähler berichtet über das Geschehen vorwiegend aus der Außensicht. Nur an wenigen Stellen erhalten die Leserinnen und Leser Einblick in das Innere von Figuren, indem der Erzähler die Gedanken einer Figur mitteilt: »Die Marquise wusste nicht, was sie von dieser Aufführung denken solle.« (S. 10) Oder der Erzähler nimmt den beschränkten Blickwinkel einer Figur ein. So heißt es von der Marquise, dass ihr der Ursprung des Kindes »göttlicher zu sein schien, als der anderer Menschen« (S. 28). Ironisch deckt der Erzähler den falschen Glauben seiner Heldin auf; denn das Kind ist keineswegs göttlichen Ursprungs, sondern Ergebnis eines sexuellen Gewaltaktes.

Die Sprache

Kleist ist für seine komplexen und langen Satzgefüge bekannt, in denen mehrere Hauptsätze durch eingeschobene Nebensätze verbunden werden (hypotaktische Satzstruktur) und die seine Texte schwer verständlich machen. Einen großen Teil des Textes nehmen die direkte Rede der Figuren und die indirekte Rede ein. Sie offenbaren Gedanken und Gefühle der Figuren, stellen eine Nähe zum Geschehen her und charakterisieren die Figuren auf unmittelbare Weise. Bei der direkten Rede fehlen die Anführungszeichen und die Kommasetzung folgt nicht immer grammatischen Regeln, sondern hat oft inhaltliche und rhythmische Gründe. Die wörtliche Rede wird in den Diskussionen innerhalb der Familie, im Gespräch zwischen Graf und Marquise in der Gartenlaube und zwischen Mutter und Tochter verwendet. Ansonsten herrscht der Berichtsstil in indirekter Rede vor.

■ Körpersprache

Ein zentrales Mittel, um Einblick in Gefühle, Gedanken und Wissen der Figuren zu geben, ist die Beschreibung ihrer Körpersprache. In Mimik, Gestik, Ohnmachten, Tränen und Fluchtbewegungen spiegeln sich innere Vorgänge der Figuren. Immer wieder erröten sie oder werden blass und drücken damit Scham, Verlegenheit, Zorn oder Zuneigung aus: Der Graf wird »über das ganze Gesicht rot« (S. 7) und die »Blässe des Todes« (S. 44) überzieht das Antlitz der Marquise. Die Körpersprache macht Inneres sichtbar und drückt eine Wahrheit aus, die den Figuren selbst nicht unbedingt bewusst ist. Sie ist Ausdruck von unverstellten, echten Gefühlen.

Die visuelle Kommunikation

Kleist setzt gezielt Merkmale des Schriftbildes (typographische Merkmale) ein. Sie sind bedeutungstragend und haben eine leserlenkende Funktion. Dazu gehören der Gedankenstrich, der Sperrsatz und die Groß-/Kleinschreibung.

Der Gedankenstrich

Der Gedankenstrich ist ein Zeichen für etwas, das der Text auslässt und nicht mitteilt.[3] Er hat unterschiedliche Funktionen. Besondere Aufmerksamkeit verdient der erste Gedankenstrich in Kleists Novelle. Er steht für den Moment, in dem sich der Graf an der ohnmächtigen Marquise vergeht:

> »Hier – traf er, da bald darauf ihre erschrockenen Frauen erschienen, Anstalten, einen Arzt zu rufen; versicherte, indem er sich den Hut aufsetzte, dass sie sich bald erholen würde; und kehrte in den Kampf zurück.« (S. 5)

Es entsprach einer verbreiteten literarischen Konvention, sexuelles Geschehen nicht darzustellen, sondern zu verschweigen.

3 Thomas Nehrlich, *»Es hat mehr Sinn und Deutung, als du glaubst.« Zu Funktion und Bedeutung typographischer Textmerkmale in Kleists Prosa*, Hildesheim / Zürich / New York 2012, S. 156.

Eine andere Funktion haben Gedankenstriche, die in der Rede von Figuren vorkommen. Innerhalb eines Dialogs kennzeichnen sie, dass eine Figur der anderen ins Wort fällt und sie unterbricht:

■ Redeunterbrechung

> »Herr Graf, wenn Sie nicht sehr wichtige Gründe haben – Entscheidende! fiel ihm der Graf ins Wort; begleitete den Adjutanten zum Wagen, und öffnete ihm die Tür. In diesem Fall würde ich wenigstens, fuhr der Kommendant fort, die Depeschen – Es ist es nicht möglich, antwortete der Graf, indem er den Adjutanten in den Sitz hob.« (S. 15)

Zweimal schneidet der Graf dem Kommandanten das Wort ab und unterstreicht damit die Dringlichkeit und Eile seiner Werbung.

■ Selbstunterbrechung

Eine Figur kann sich aber auch selbst unterbrechen, z. B. in einer Situation, in der ihr etwas unbegreiflich ist und sie daher den Gedanken nicht zu Ende denken kann:

> »[…] so muss ich dir auch eröffnen, dass er sich selbst schon, zu unserm großen und freudigen Erstaunen, gestern im Hause gezeigt hat. Wer hat sich –? fragte die Marquise, und setzte sich bei ihrer Mutter nieder; – welcher er selbst hat sich gezeigt –?« (S. 37)

Der Gedankenstrich drückt die Fassungslosigkeit der Marquise aus, die sich nicht traut, den Satz und den

Gedanken zu beenden und den Schuldigen als solchen zu benennen. In der Szene, in der der Graf sich als Vater zu erkennen gibt, stockt die Marquise, bevor sie ihn einen Teufel nennt: »auf einen Lasterhaften war ich gefasst, aber auf keinen – – – Teufel!« (S. 44) Drei Gedankenstriche markieren das Zögern und Innehalten der Marquise, bevor sie ihn verteufelt und damit verurteilt.

Beim Sperrsatz sind die Abstände zwischen den Buchstaben vergrößert. In der Gartenszene, in der sich der Graf F... nach seiner Rückkehr aus Neapel der Marquise nähert und seinen Antrag wiederholt, wehrt die Marquise ihn ab und flieht:

Sperrsatz

> »Ich will nichts wissen, versetzte die Marquise, stieß ihn heftig vor die Brust zurück, eilte auf die Rampe, und verschwand.« (S. 31)

Der Sperrsatz hebt die Abwehr der Marquise hervor, nichts wissen zu wollen. Doch wovon will sie nichts wissen? Dieser Satz hat in der Forschung zu lebhaften Diskussionen über das Wissen und die Glaubwürdigkeit der Titelheldin geführt (siehe den Abschnitt »Die Ohnmacht« in Kap. 6).

In der Gartenszene verändert Kleist die Groß- und Kleinschreibung von Personalpronomina, um unterschiedliche Grade der Annäherung zwischen Graf und Marquise auszudrücken (siehe den Abschnitt »Die inneren Folgen der Tat« in Kap. 6):

Groß-/Kleinschreibung

> »Hat man **i**hnen denn in M… nicht gesagt –? – fragte sie, und rührte noch kein Glied […]. Alles […], versetzte der Graf; doch von **i**hrer Unschuld völlig überzeugt – Wie! rief die Marquise, […] und **S**ie kommen gleichwohl? – […] Lassen **s**ie mich! […] Lassen **S**ie mich augenblicklich! rief die Marquise; ich befehl's **I**hnen!« (S. 31)

Die Vertraulichkeit des Grafen zeigt sich in der Kleinschreibung der Anredeform (»von ihrer Unschuld«). Im Moment des Einvernehmens wird ihre Anrede des Grafen (»hat man ihnen«) kleingeschrieben. Als die Situation kippt und die Marquise auf Distanz geht, wird die Großschreibung verwendet (»und Sie kommen gleichwohl«).

Gattung: Novelle

Merkmale der Novelle	**Realisierung in *Die Marquise von O…***
Das unerhörte Ereignis	Vergewaltigung einer ohnmächtigen Frau
Konzentration	• ein Weltausschnitt, eine bedeutsame Episode • begrenzter Schauplatz • begrenzte Zahl der Figuren
Wahrheitsanspruch	• Beglaubigung eines tatsächlichen Geschehens durch abgekürzte Namen • Angabe von Schauplätzen und historischen Ereignissen
Wendepunkt	die Zeitungsanzeige

Bei der *Marquise von O...* handelt es sich um eine Novelle (ital. *novella* ›Neuigkeit‹), auch wenn Kleist diesen Begriff nicht verwendet und den Text in den ersten Band seiner *Erzählungen* (1810) aufgenommen hat. Ursprünglich sollte der Band *Moralische Erzählungen* heißen. Da seine Erzählungen jedoch nicht belehren und keine Anweisung für ein moralisch richtiges Verhalten und Handeln geben wollen, wie es der Tradition der moralischen Erzählungen entspricht, hat Kleist im Titel das Adjektiv moralisch gestrichen.

Das unerhörte Ereignis

Nach allgemeinem Konsens in der Novellenforschung ist ein Gattungsmerkmal einer Novelle ein Ereignis, das als besonders, herausragend, unerhört und neu qualifiziert wird.[4] Dieses unerhörte Ereignis besteht in der Vergewaltigung der ohnmächtigen Marquise. Es wird im Text durch einen Gedankenstrich, der in der Erstveröffentlichung im *Phöbus* (1808) von doppelter Länge war, als eine Leerstelle markiert.

Konzentration

Typisch ist zudem die Konzentration auf eine in sich geschlossene Episode, bestehend aus einer Ausgangssituation, dem Konflikt und der Lösung, und einer begrenzten Anzahl von Figuren. Dieses Merkmal trifft auch auf diese Novelle zu, mit ihrem verdichteten Geschehen von Gewalttat, Folgen für das Opfer und Lösung und nur fünf handlungstragenden Figuren.

Wahrheitsanspruch

Die Novelle beansprucht, von einer wahren Begebenheit zu erzählen, und beglaubigt das durch genaue

4 Hugo Aust, *Novelle,* Stuttgart [4]2006, S. 10.

Zeit- und Ortsangaben und in diesem Fall auch durch die Abkürzung der Orts- und Personennamen. Zugleich ist es ein Spiel, Figuren einer angeblich wahren Geschichte zu erraten.

Der Wendepunkt

Das gattungsspezifische Merkmal des Wendepunktes, an dem sich eine Situation grundlegend verändert und die Geschichte in eine unerwartete Richtung gelenkt wird, lässt sich ebenfalls in dieser Novelle nachweisen. Mit dem mutigen Schritt der Marquise, die Zeitungsannonce aufzugeben, wird innerhalb der Novelle ein Wendepunkt erreicht und schrittweise zur Lösung des Konflikts geführt.

5. Quellen und Kontexte

Die Erzählung hat Kleist vermutlich während seiner Gefangenschaft in Frankreich 1807 zu schreiben begonnen und im selben Jahr in Dresden fertiggestellt. Der Originaltitel der Erstveröffentlichung im zweiten Heft der Kulturzeitschrift *Phöbus* (1808) lautet *Die Marquise von O….* (mit vier Punkten) und enthält im Inhaltsverzeichnis den Zusatz: »Nach einer wahren Begebenheit, deren Schauplatz vom Norden nach dem Süden verlegt worden«.[5] Mit diesem Zusatz und den abgekürzten Namen in der Novelle folgt Kleist der literarischen Konvention, die Geschehnisse einer Erzählung als tatsächlich und nicht erdacht zu beglaubigen. Bei der Veröffentlichung im ersten Band der *Erzählungen* (1810) entfällt dieser Zusatz und Kleist hat in dieser zweiten Fassung religiöse Anspielungen (auf die heilige Jungfrau [S. 26], auf das Kind als göttliches Geschenk [S. 28]) und das Motiv des Schlafes und Traumes (Erwähnung Morpheus', Thematisierung von Träumen [S. 9]) verstärkt.

■ Entstehung

Kleist hat die Schreibweise der Familien- und Personennamen unterschiedlich gehandhabt. Die Namen O…., G…. und das Landgut V…. werden mit vier Punkten abgekürzt; mit drei Punkten dagegen Graf F…, die Stadt M… und der Ort P…. In späteren Kleist-Ausgaben wurden die Abkürzungen auf drei Punkte vereinheitlicht. Diese Regelung hat sich in

■ Schreibweise der Namen

5 Heinrich von Kleist / Adam H. Müller (Hrsg.), *Phöbus. Ein Journal für die Kunst*, 2 (1808).

vielen Textausgaben durchgesetzt, so dass beide Schreibweisen verwendet werden.

Literarische Kontexte

Was zeitgenössische Leserinnen und Leser an den Themen und Motiven der *Marquise* empörte, war beliebter Stoff in populären Geschichten des 17./18. Jahrhunderts und Thema der Romane des Engländers Samuel Richardson, der in *Clarissa* (1748) die Motive Ohnmacht und Vergewaltigung neu gestaltet und mit Moral verknüpft hat (siehe den Abschnitt »Der Täter« in Kap. 6, den Abschnitt »Literaturgeschichtliche Einordnung« in Kap. 7 sowie Kap. 11). Das Doppelmotiv der Vergewaltigung einer ohnmächtigen oder schlafenden Frau und der unwissentlichen Empfängnis war in der Sensationsliteratur und Sammlungen von Kriminalgeschichten seit dem 17. Jahrhundert weit verbreitet. Es tritt in Kombination mit den Elementen Suche nach dem Vater, Wahrheitsfrage, Verstoßung aus dem Elternhaus und Heirat des Vergewaltigers in verschiedenen Quellen auf. Viele Familienrührstücke des 18. und 19. Jahrhunderts, die zu der Zeit sehr beliebt waren, verknüpfen die Elemente Verstoßung einer ›missratenen‹ Tochter, Nachweis ihrer Unschuld und Wiederaufnahme in die Familie.[6]

Montaigne

Parallelen bestehen zu einer Anekdote aus dem Essay *Über die Trunksucht* (1588) des französischen Philosophen Michel de Montaigne, der die beiden Motive ›Empfängnis während des Schlafes‹ und ›öffentliche

6 Michael Moering, *Witz und Ironie in der Prosa Heinrich von Kleists*, München 1972, S. 234 f.

Suche nach dem Kindsvater‹ verbindet.[7] Erzählt wird von einer verwitweten Bauersfrau in der Nähe von Bordeaux, die eines Tages unwissentlich schwanger wird. Sie lässt von der Kanzel verkünden, dass sie dem Täter verzeihen und ihn heiraten wolle. Darauf meldet sich ein junger Knecht, der sie im tiefen Schlaf missbraucht hatte. Sie heiraten und leben glücklich zusammen.

Cervantes

Auch in Miguel de Cervantes' Erzählung *Die Macht des Blutes* (1613) aus seinen *Beispielhaften Novellen* wird eine ohnmächtige Frau vergewaltigt. Anders als bei Kleist verstößt die Familie die Tochter jedoch nicht, sondern glaubt an ihre Tugendhaftigkeit und bietet ihr Schutz. Die Ohnmacht beweist ihre Unschuld. Der Täter wird später durch die Ähnlichkeit mit seinem Kind erkannt und die Geschichte endet mit der Heirat.

Rousseau

Ob Kleist Cervantes oder Montaigne selbst gelesen hat, ist nicht gesichert, in jedem Fall aber war er mit den Schriften und Romanen von Jean-Jacques Rousseau vertraut. Die intime Versöhnung zwischen dem Obristen und seiner Tochter spielt auf eine Szene in dessen Briefroman *Julie oder Die neue Héloise* (1761, 1. Teil, Brief 63) an. Die Tochter hat ein verbotenes Liebesverhältnis zu ihrem Hauslehrer und ist insofern nicht unschuldig.

Zeitgenössische Erzählungen

Eine wichtige Quelle bilden zeitgenössische Erzählungen: zum einen *Die gerettete Unschuld*, die im *Ber-*

7 Doering (siehe Anm. 1), S. 38.

linischen Archiv der Zeit und ihres Geschmackes 1798 erschienen ist und von der Schändung einer Scheintoten und der Verstoßung der Tochter durch den Vater handelt, zum anderen die Erzählung *Amalie. Eine Begebenheit aus dem französischen Revolutionskriege*, veröffentlicht 1805 in der Zeitschrift *Erholungen*. Anhand eines Ringes erkennt der Täter die Frau, der er die Unschuld genommen hat, wieder und will sein Verbrechen durch die Trauung sühnen. In diesen Erzählungen wird der Täter identifiziert und heiratet am Ende das weibliche Opfer.

Anekdote

Ein Seitenstück zur *Marquise* erzählt Kleist selbst in seiner Anekdote *Sonderbare Geschichte, die sich, zu meiner Zeit, in Italien zutrug*, veröffentlicht in den von ihm herausgegebenen *Berliner Abendblättern* (1811). Eine junge Römerin wird von einem Vicomte aus Paris verführt und schwanger. Um ihren Ruf als tugendhafte Frau zu retten, wird ein Ehemann erfunden, der vor der Geburt des Kindes angeblich stirbt. Am Ende wird der wahre Täter veranlasst, sie zu heiraten.

Zeitungsanzeige

Keine der genannten Quellen enthält das Motiv der Zeitungsanzeige. Es geht nach Eberhard Siebert auf eine Nachricht aus dem Londoner *Telegraph*, die in der *Spenerschen Zeitung* in Berlin am 16. September 1800 wiedergegeben wird, zurück.[8] Darin sucht ein Mann eine schwangere Frau von tadellosem Ruf und

8 Eberhard Siebert, »Zu Herkunft der Zeitungsanzeige in Kleists ›Marquise von O…‹«, in: *Heilbronner Kleist-Studien*, Bd. 6 (2011), S. 144.

möchte sie heiraten. Es ist zwar ein Mann, der das Inserat aufgibt, aber es finden sich die gleichen Elemente wie in der Anzeige der Marquise.

Kleist nimmt Motive, die literarisch bereits vorgeformt sind, auf und ordnet sie in neue Zusammenhänge der Rechts- und Aufklärungskritik des 18. Jahrhunderts ein. Durch diese Motivaufnahme entstehen Beziehungen zu anderen literarischen Texten. Sie bilden als Intertexte einen Hintergrund, der mit zum Verständnis *Der Marquise von O…*, der Konfliktlage, dem Vorwurf der Täuschung und der Lösung beitragen kann (siehe den Abschnitt »Die Ohnmacht« in Kap. 6).

■ Intertexte

6. Interpretationsansätze

In der folgenden Interpretation wird zunächst der sozialgeschichtliche und literarische Hintergrund der Novelle umrissen. Dann wird auf das unerhörte Ereignis der Vergewaltigung der ohnmächtigen Marquise, das Verhalten des Grafen, die Folgen der Tat für das Opfer und die unterschiedlichen Deutungen der Glaubwürdigkeit der Marquise eingegangen. Abschließend wird die Lösung der Novelle diskutiert und in übergreifende thematische Zusammenhänge eingeordnet.

Zur Sozialgeschichte

Für das Verständnis der Geschehnisse in der Novelle sind der rechtliche und sozial- und kulturgeschichtliche Kontext der bürgerlichen Familie, Geschlechterrollen und Moralvorstellungen im 18. Jahrhundert und die Darstellung von Ohnmacht und Vergewaltigung in der Literatur mit einzubeziehen.

Die bürgerliche Familie

Im späten 18. Jahrhundert bildet sich die bürgerliche Familie als neuer Familientyp heraus. Sie stellt eine soziale Einheit dar, die sich nach außen abgrenzt und nach innen durch enge Gefühlsbindungen zwischen den Familienmitgliedern gekennzeichnet ist. Die Familie bildet einen privaten Raum von Wärme und Geborgenheit mit klarer Rollenaufteilung. Der Mann sichert als Familienoberhaupt den Schutz der Familie und ist für das öffentliche Leben zuständig, während die Frau auf den familiären Innenbereich beschränkt ist. Ebenfalls haben sich die Vorstellungen von Ehe gewandelt. Anstelle von sachlichen Gründen bildet die Liebesbeziehung zwischen Ehegatten die Grundlage der Ehe. Liebe als Motiv für die Eheschließung wird zum neuen Ehe- und Familienleitbild, das auch die Idee der Einzigartigkeit des Einzelnen, die Individualität der Liebenden stärkt.[9]

Geschlechterrollen

Nach den geltenden Geschlechtervorstellungen bestand im 18. Jahrhundert das Idealbild der Frau in ihrer Tugendhaftigkeit und Sittlichkeit. Ihre Aufgaben waren auf die Kindererziehung, Haushaltsführung, Befriedigung emotionaler Bedürfnisse in der Familie und Repräsentation des Hauses bezogen. In der ehelichen Liebe, Hingabe und Unterwerfung wurde die natürliche Bestimmung der Frau gesehen. Sie hatte keine eigenen Rechte, sondern stand unter der Vormundschaft des Vaters, Ehemannes oder eines männlichen Verwandten. Da deren Schutzfunktion mit der Heirat endete, war eine verwitwete Frau sozial und rechtlich schutzlos und sah sich Zudringlichkeiten von Männern ausgesetzt und dem Vorurteil, sie würde ein sexuell ausschweifendes Leben führen. Der Türsteher in der Novelle hat die Funktion, die verwitwete Marquise gegen männliche Übergriffe zu schützen.

9 Karl Lenz, »Romantische Liebe – Ende eines Beziehungsideals?«, in: *Liebe am Ende des 20. Jahrhunderts. Studien zur Soziologie intimer Beziehungen*, hrsg. von Kornelia Hahn / Günter Burkart, Opladen 1998, S. 68 f.

Schwangerschaft

Die Schwangerschaft einer unverheirateten Frau zerstörte ihren Ruf und ihre Identität als tugendhafte, sittliche Frau und setzte sie dem Verdacht aus, heimlich ihre Sexualität ausgelebt zu haben. Nach den vorherrschenden medizinischen Vorstellungen war es unmöglich, dass eine Frau unwissentlich schwanger werden konnte, da die Empfängnis eine sexuell aktive Beteiligung voraussetze.[10] Daher wurde auch bei einem sexuellen Missbrauch der Frau keine Unschuld zugestanden, und es lag nach geltendem Recht keine Notzucht vor. Das Ideal der tugendhaften Frau, die sittsam und asexuell innerhalb der Familie ihre Rolle einnimmt, stand durch eine uneheliche Schwangerschaft infrage.

Das Motiv ›Vergewaltigung‹

Die Thematisierung der Vergewaltigung einer Frau in der Literatur hat eine lange Tradition.[11] Erzählungen enden mit dem Tod oder der Zerstörung der weiblichen Heldin durch Krankheit, Ehrverlust und gesellschaftliche Ausgrenzung, aber auch mit einer Heirat von Opfer und Täter. Eher selten erfolgt eine gerichtliche Verurteilung des Vergewaltigers. Nach dem Allgemeinen Preußischen Landrecht (1794) galt die Notzucht einer Frau als ein Verbrechen. Sie beschädigte nicht nur das Ansehen des Opfers, sondern auch die Ehre der Familie. Nutzte ein Mann jedoch die Lage ei-

10 Christine Künzel, *Vergewaltigungslektüren. Zur Codierung sexueller Gewalt in Literatur und Recht*, Frankfurt a. M. / New York 2003, S. 34.

11 Gesa Dane, *»Zeter und Mordio«. Vergewaltigung in Literatur und Recht*, Göttingen 2005, S. 39.

ner bewusstlosen Frau aus, um sich an ihr zu vergehen, so lag ein Kavaliersdelikt vor, das milde bestraft wurde.[12] Die Vergewaltigung in einer Kriegssituation stellte wiederum einen Sonderfall dar. Sie galt zwar auch als Verbrechen, wurde aber kaum geahndet. So entspricht in der Novelle die Verurteilung der fünf Soldaten zum Tode nicht der Rechtslage und ist eher durch den hohen Status der Marquise als Tochter des Kommandanten begründet. Eine formale Heirat zwischen Opfer und Vergewaltiger war denkbar und wurde oft nahegelegt, um die rechtliche und bürgerliche Ordnung aufrechtzuerhalten. Nach geltendem Landrecht war der Täter zu einem materiellen Ausgleich verpflichtet. Beide Aspekte kommen in der *Marquise* zum Tragen.

Das Motiv ›Ohnmacht‹

Im 18. Jahrhundert bildeten sich bürgerliche Moralvorstellungen und eine neue Auffassung von Tugend heraus. Unter Tugend wurde das Nicht-Wissen der Frau über ihre eigene Sexualität verstanden. In der Verbindung mit Tugend und sexuellem Nicht-Wissen wurde die weibliche Ohnmacht zu einem bedeutenden Thema im 18. Jahrhundert, insbesondere in den sehr einflussreichen Romanen des Engländers Samuel Richardson (siehe den Abschnitt »Der Täter« in Kap. 6 sowie den Abschnitt »Literaturgeschichtliche Einordnung« in Kap. 7). Sie wurde zum Zeichen der Unschuld und Tugend der Frau. Die Ohnmacht ist ein körperlicher und psychischer Zusammenbruch, der ausgelöst wird durch Angst und Schrecken in einer

12 Künzel (siehe Anm. 10), S. 48.

bedrohlichen Situation, durch körperliche Schwäche oder eine Erkenntnis. Der ohnmächtige Körper ermöglicht die Vergewaltigung und ist zugleich eine Abwehrreaktion der Frau, um sich zu schützen. In Richardsons Roman *Pamela* (1740) z. B. lässt der Held aus Sorge um den Gesundheitszustand der ohnmächtigen Pamela von ihr ab.

Mehrdeutigkeit der Ohnmacht

Aber Abwehrfunktion hat noch eine andere Bedeutung. Da die ohnmächtige Frau den sexuellen Akt nicht wahrnimmt, weiß sie auch nichts und bewahrt dadurch ihre Unschuld. Diese Deutung der Ohnmacht steht im Zusammenhang mit der Theorie des englischen Philosophen John Locke, die er in seinem Essay über den menschlichen Verstand (*An Essay concerning Human Understanding*, 1690) entwickelt hat. Für Locke gibt es zwei Quellen der Erkenntnis: die Empfindung bzw. Wahrnehmung und die Reflexion. Ohne Wahrnehmung keine Erkenntnis. Die Ohnmacht schützt die Frau vor dem Wissen um die Vergewaltigung und wird dadurch zum Beweis ihrer Unschuld und Tugend. Sie verhindert, dass der Ruf der Frau beschädigt wird. Die Ohnmacht konnte aber auch vorgetäuscht werden, um erotische Wünsche zu verbergen, und wurde dann als Zeichen des Einverständnisses mit einem sexuellen Akt angesehen: Sie stellte damit die Tugendhaftigkeit der Frau infrage. Diese Mehrdeutigkeit der weiblichen Ohnmacht hat zu kontroversen Deutungen der Ohnmacht der Marquise und ihrer Glaubwürdigkeit geführt (siehe den Abschnitt »Die Ohnmacht« in Kap. 6).

Die Tat

Nachdem der russische Offizier die Marquise vor den Soldaten gerettet hat, führt er sie am Arm davon »in den anderen, von der Flamme noch nicht ergriffenen, Flügel des Palastes, wo sie auch völlig bewusstlos niedersank« (S. 5). Es ist nicht eindeutig, ob der Schrecken über die Gefahr die Ohnmacht der Marquise auslöst, denn sie sinkt nicht im Moment der höchsten Bedrohung durch die Soldaten, sondern bei ihrer Rettung hin. Der Graf nutzt diesen Moment und tut, was er zuvor verhindert hat: Er vergeht sich an ihr. Die Vergewaltigung ist an der Textoberfläche ausgeblendet und allein durch das typographische Merkmal des Gedankenstrichs markiert (siehe den Abschnitt »Visuelle Kommunikation« in Kap. 4). Offen ist, wie der Graf die Situation deutet. Möglicherweise hat er das Hinsinken der Marquise als Zeichen einer Hingabe verstanden und sich von seinen erotischen Affekten leiten lassen. Doch würde das sein Verhalten, die Lage der bewusstlosen Marquise auszunutzen und sie zum Objekt seines Begehrens zu machen, nicht entschuldigen.

Tat und Ohnmacht

Die Vergewaltigung der ohnmächtigen Marquise bildet den verborgenen Bezugspunkt, auf den alle Geschehnisse und Konflikte in der Novelle bezogen sind. Sie ist das große Rätsel, in das die betroffenen Figuren hineingezogen werden und deren Auswirkungen die Protagonistin tragen muss, ohne die Ursache zu kennen. Nur der Graf weiß, was geschehen ist, und kennt

Das Rätsel

die Zusammenhänge, die für die anderen Figuren undurchschaubar und unverständlich sind und zu Fehleinschätzungen führen. Für die Marquise und ihre Familie ist der Graf der Retter in einer bedrohlichen Situation. Vom General erhält er »wegen seines [...] edelmütigen Verhaltens« (S. 7) sogar eine Lobrede. Bild und Realität stimmen nicht überein.

Der Täter

Einstellung zur Tat

Der Graf weiß, dass er unrecht gehandelt hat und zeigt Reue und Scham. Die Einstellung zu seiner Tat spiegelt sich in seinem Verhalten. Seine Körpersprache mit Erröten und Erbleichen, die in entscheidenden Szenen mit ihm eingesetzt wird (Kriegssituation, Werbung, Lesen der Anzeige, Offenbarung am Dritten), ist Ausdruck seines Schamgefühls und Schuldempfindens. Mit seinem Ausruf auf dem Schlachtfeld »Julietta! Diese Kugel rächt dich!« (S. 8) bekennt er seine Tat und verurteilt sie als ein Verbrechen, das zu Recht mit dem Tod bestraft wird.

Doppelter Sinn

Viele Äußerungen des Grafen sind doppeldeutig. Er spricht von einer nichtswürdigen Handlung, die der Welt unbekannt sei, und die »er schon im Begriff sei, [...] wieder gutzumachen« (S. 12), von »[e]ntscheidende[n]« (S. 15) Gründen, die ihn zu einer Verschiebung der geschäftlichen Reise veranlassen, und stellt bitter fest, dass der Marquise und ihm die Schmach erspart geblieben wäre, wenn ihm nicht so viele Hindernisse in den Weg gelegt worden wären (S. 30). Der eigentliche Sinn dieser Äußerungen erschließt sich nur vor dem Hintergrund seiner Gewalttat. Sie werden von den anderen Figuren nicht verstanden, sind aber für die Leserinnen und Leser Hinweise, Rückschlüsse auf das Vergehen des Grafen zu ziehen, das sich den Figuren erst am Dritten des Monats offenbart.

Heirats-antrag

Als der tot geglaubte Graf plötzlich im Hause des Obristen auftaucht und um die Hand der Marquise anhält, ist die Familie unangenehm überrascht und hat für seinen überstürzten Antrag wenig Verständnis (S. 10). Die Dringlichkeit seines Antrags wird sprachlich unterstützt durch die Reihung von ›dass-Nebensätzen‹ – insgesamt sind es 23:

> »Der Graf setzte sich […] und sagte, dass er, durch die Umstände gezwungen, sich sehr kurz fassen müsse; dass er, tödlich durch die Brust geschossen […]; dass er mehrere Monate […]; dass während dessen die Frau Marquise […]; dass er die Lust und den Schmerz […]; dass er endlich, nach seiner Wiederherstellung […].« (S. 10)

Schuldbewusstsein und die Befürchtung, seine Tat könnte körperliche Folgen für die Marquise gehabt haben, aber auch Zuneigung veranlassen ihn, um sie zu werben. Er will sein Vergehen verbergen und verhindern, dass der Ruf der Marquise beschädigt wird.

Geschichte vom Schwan

Bei Tisch erzählt der russische Graf die Geschichte vom Schwan Thinka (russ. Kathinka, die Reine), den er als Junge mit Schmutz beworfen hat. Er offenbart damit seine Vergewaltigung der Marquise in der Kriegsnacht, die im Bild der Beschmutzung verschlüsselt ist. Im Fieber erfolgt eine Überblendung von Schwan und Marquise, die sprachlich markiert wird, indem der Graf vom Schwan zum Pronomen *sie* wechselt statt zum grammatisch korrekten *es*:

> »da er diesen Schwan einst mit Kot beworfen, worauf dieser still untergetaucht, und rein aus der Flut wieder emporgekommen sei; dass sie immer auf feurigen Fluten umhergeschwommen wäre« (S. 17).

Beide gehen aus der Beschmutzung unschuldig und rein hervor und retten sich vor einer existenziellen Bedrohung. Der Graf beendet seine Geschichte mit einem Liebesbekenntnis und wird dabei blutrot im Gesicht (S. 17). Die Familie versteht die Geschichte nicht, in der der Graf sein Schuldbewusstsein, sein sexuelles Begehren und seine Zuneigung bekennt.

■ Symbolische Bilder

In mehreren Bildern wird die Beziehung des Grafen zur Marquise verdichtet. Die feurigen Fluten, auf denen der Schwan schwimmt, nehmen das Motiv des Feuers und der Erhitzung des Grafen in der Brandnacht wieder auf (S. 4) und signalisieren sexuelles Begehren. Exkremente (Kot) werden in der christlichen Tradition mit sündigem Begehren verbunden. Der Schwan verkörpert aufgrund seines weißen Gefieders Reinheit, aber er ist auch Symbol der Erotik. Im Bild der Beschmutzung des Schwans wird die Gewalt des Grafen an der Marquise ausgedrückt.

Bezeichnend für den Grafen F… ist seine Einsicht in sein Verbrechen, das er wider besseres Wissen um Recht und Gesetz begangen hat. Die Einsicht des Täters in das eigene Vergehen taucht als Motiv bereits in der Literatur des 18. Jahrhunderts auf und steht in einem moralphilosophischen Zusammenhang, der britischen Theorie des *Moral Sense*.[13] Danach verfügt der Mensch über einen Sinn für Moral. Er hat die Fähigkeit, richtiges und falsches Handeln zu unterscheiden. Wenn er weiß, was gut und böse ist, handelt er gut. Kleist unterläuft die Moralphilosophie, indem der Graf ein Verbrechen begeht, obwohl er weiß, was Recht und Unrecht ist.

Der moralische Sinn

Die Erkenntnis des Täters, eine verbrecherische Handlung begangen zu haben, gehört zum didaktischen Programm der Romane *Pamela* (1740) und *Clarissa* (1748) von Samuel Richardson, die in der literarischen Behandlung der Themen Ohnmacht, Tugend und Vergewaltigung sehr einflussreich auf die Empfindsamkeit waren (siehe den Abschnitt »Literaturgeschichtliche Einordnung« in Kap. 7 sowie Kap. 11). Der Roman *Clarissa* zielt darauf, den Täter zur Einsicht in sein unmoralisches Handeln zu führen. Am Ende wird sein Verbrechen dennoch mit dem Tode bestraft. Der Graf F… steht in dieser literarischen Tradition. Aber anders als die Helden bei Richardson muss der Graf nicht erst zur Erkenntnis des moralisch Richtigen geführt werden. Damit verschiebt sich der thematische

Der empfindsame Roman

13 Dane (siehe Anm. 11), S. 218.

Schwerpunkt. Kleist verfolgt keine erzieherischen Absichten mit seiner Erzählung und verzichtet auf die Bestrafung des Täters. Er stellt damit die geltende Moral- und Rechtsauffassung und ihre klare Trennung von Gut und Böse, Recht und Unrecht infrage.

Die äußeren Folgen der Tat

Schwangerschaft

Für das Opfer haben die Geschehnisse in der Brandnacht weitgehende existenzielle Folgen. Als die ersten körperlichen Anzeichen einer Schwangerschaft auftreten, ruft die Marquise nach einem Arzt. Nach dessen Diagnose ist sie bestürzt und gekränkt. Sie schließt jede Möglichkeit einer Schwangerschaft aus und ist dennoch hin- und hergerissen: »Hab' ich nicht mein eignes, innerliches, mir nur allzu wohl bekanntes Gefühl gegen mich?« (S. 22) Ihr Körpergefühl widerspricht ihrem Wissen, sich auf keinen Mann eingelassen zu haben. Gegenüber ihrer Mutter beteuert die Marquise wiederholt ihre Unschuld:

> »Ich schwöre, weil es doch einer Versicherung bedarf, dass mein Bewusstsein, gleich dem meiner Kinder ist; nicht reiner, Verehrungswürdigste, kann das Ihrige sein.« (S. 23)

Dennoch verlangt sie nach einer Hebamme. Die bestätigt ihr, dass sie schwanger ist. Die Marquise steht vor einem Rätsel, da sie sich nicht erklären kann, wie es dazu gekommen ist.

Die Hebamme schließt in Anspielung auf die heilige Jungfrau eine unwissentliche Empfängnis aus und stellt die zuvor beteuerte Unschuld der Marquise mit der Bemerkung infrage, »dass sich der muntere Korsar, der zur Nachtzeit gelandet, schon finden würde« (S. 25). Auf diese Unterstellung fällt die Marquise ein zweites Mal in Ohnmacht. Sie reagiert damit auf eine Nachricht, die sie nicht verkraftet und emotional überfordert, und auf den Schrecken, dass es etwas gibt, das sich ihr entzieht. Das Unerhörte übersteigt ihr Fassungsvermögen, und sie droht nach eigenen Worten, wahnsinnig zu werden (S. 23, 25). Die Hebamme weist auf die Doppelmoral der Gesellschaft hin, in der sich Frauen nach außen tugendhaft geben, aber nach innen ihre sexuellen Wünsche leben. Sie vertritt damit ein verbreitetes Vorurteil gegenüber unverheirateten, schwangeren Frauen. Die Mittel, die die Hebamme angibt, um die Schwangerschaft zu vertuschen, lehnt die Marquise ab.

■ Zweite Ohnmacht

Entscheidend für die Beurteilung der Marquise innerhalb der Figurenwelt ist die Frage, was sie über das Zustandekommen der Schwangerschaft weiß und ob ein Einverständnis mit dem sexuellen Akt vorlag, der der Schwangerschaft vorausging. Die Familie glaubt nicht an ihre Unschuld. Der Vater geht von einer Täuschung aus und höhnt: »o! sie ist unschuldig. […] Sie hat es im Schlaf getan« (S. 34). Auf den Gedanken, dass sie selbst getäuscht worden sein könnte, kommt die Familie nicht. Ihr körperlicher Zustand macht sie unglaubwürdig und setzt sie in die Rolle einer an-

■ Unglaubwürdigkeit der Titelheldin

rüchigen, unsittlichen Frau und Lügnerin. Doch ihr eigentliches Vergehen liegt für ihre Mutter nicht in einem einvernehmlichen sexuellen Geschehen, sondern im Leugnen ihres Wissens darum. Für ihre Mutter wäre ein Fehltritt akzeptabel, aber die Behauptung einer unwissentlichen Empfängnis lehnt sie als Lüge ab und verdammt ihre Tochter (S. 24).

Verstoßung

Bürgerliche Wert- und Moralvorstellungen bestimmen das Handeln des Obristen. Um die Familienehre zu schützen, wendet der Vater sich von der Tochter ab und teilt ihr schriftlich mit, sie möge das Haus verlassen. Er erniedrigt sie, indem er das Gespräch verweigert und ihr den Rücken zuwendet, und zeigt zugleich seine eigene Schwäche. Seine überzogen-aggressive und hilflose Reaktion, mit der er die Pistole zückt (S. 27), zeigt seinen Machtverlust und seinen Konflikt zwischen der engen emotionalen Bindung an die Tochter, seiner Enttäuschung und seiner Aufgabe als Familienoberhaupt, sie zum Schutz der Familie und ihres Ansehens zu verstoßen. Die soziale Einheit der Familie wird brüchig. Der familiäre Innenraum ist nicht mehr ein Ort der Geborgenheit und Gefühlswärme, sondern der Härte und Gewalt.

Die inneren Folgen der Tat

Persönliche Identität

Eine Vergewaltigung hat nicht nur äußere Folgen für das Opfer, sondern auch innere. Sie ist eine Grenzüberschreitung, die die körperliche Unversehrtheit und Identität des Opfers als tugendhafte, sittliche

Frau und ihre Ehre beschädigt. Wie geht die Marquise mit der Verletzung ihres Selbst um?

Rückzug

Zunächst zieht sich die Marquise auf ihr Landgut zurück und ist erstmals ganz auf sich gestellt. Von Mauern umgeben und von einem Türsteher bewacht, wird das Landgut abgeschottet und bildet für die Marquise einen Schutzraum gegen soziale Gefährdungen von außen. Da sie die Geschehnisse, in die sie verwickelt ist, nicht fassen kann, erscheint ihr die Wirklichkeit rätselhaft. Sie flüchtet sich in eine religiöse Erklärung und fügt sich »der großen, heiligen und unerklärlichen Einrichtung der Welt« (S. 28). Erneut deutet sie die Wirklichkeit falsch, denn es ist ein weltliches Geschehen, das sie in diese Lage gebracht hat.

Selbstentfremdung

Doch nicht nur die Wirklichkeit erscheint der Marquise fremd, sondern sie wird sich auch selbst durch die Veränderung ihres Körpers fremd. Etwas ist geschehen, das ihrer Verfügungsgewalt über sich selbst entzogen ist und sie ratlos zurücklässt, da sie den Grund ihrer Schwangerschaft nicht kennt. Körper und Verstand treten auseinander. Um sich die Vorgänge, in die sie verstrickt ist, verständlich zu machen, sucht sie auch für das Kind nach einer religiösen Erklärung: »[Sein] Ursprung [schien ihr], eben weil er geheimnisvoller war, auch göttlicher zu sein […] als der anderer Menschen« (S. 28).

Der tiefe soziale und psychische Absturz der Marquise bedroht ihre Identität. Innerlich ist sie verunsichert, weil ihr Selbstbild als tugendhafte, unschuldige Frau infrage steht und die Trennung von Körper und

Wissen bzw. Bewusstsein die Einheit ihrer Person spaltet. Vor der eigenen Zerstörung rettet die Marquise sich, indem sie sich aus eigener Kraft, wie es im Text heißt, aus der Tiefe emporzieht:

> »Durch diese schöne Anstrengung mit sich selbst bekannt gemacht, hob sie sich plötzlich, wie an ihrer eigenen Hand, aus der ganzen Tiefe, in welche das Schicksal sie herabgestürzt hatte, empor.« (S. 27)

■ Selbstbehauptung

Die Marquise befreit sich aus der konventionellen Frauenrolle, nimmt ihr Schicksal selbst in die Hand und gewinnt eine neue Stärke. Da sie sich ungerecht behandelt fühlt, hat sie die Kraft, mit einer Zeitungsannonce an die Öffentlichkeit zu treten und den Kindsvater aufzurufen, sich zu melden. Indem sie Intimes und gesellschaftlich Tabuisiertes öffentlich macht, riskiert sie den »Spott der Welt« (S. 3), die nicht an eine unwissentliche Empfängnis glaubt. Sie macht sich unabhängig vom Urteil der Gesellschaft und zeigt in ihrer Handlungsfähigkeit ein neues Selbstbewusstsein. Mit ihrem Schritt will sie das uneheliche Kind vor gesellschaftlicher Ausgrenzung schützen, aber mehr noch will sie wissen, was geschehen ist und wer sie hintergangen hat. Gegen den Unglauben der Welt stellt sie die Wahrheitsfrage.

Währenddessen ist der Graf von seiner Reise nach Neapel zurückgekehrt und wird vom Forstmeister über die neue Situation unterrichtet. Er reitet sofort zum Landgut hinaus, dringt trotz des Verbots durch eine offene Pforte in den Garten ein und findet die Marquise in einer Laube. Zunächst entsteht eine einvernehmliche und innige Situation wie bei einem Liebespaar (»und drückte sie ganz leise an sich« [S. 31]). Ihre Körpersprache verrät ihre Gefühle für den Grafen. Sie errötet bei seinem Erscheinen und hält still, als er sie umarmt (»und rührte noch kein Glied in seinen Armen« [31]). Die Situation kippt in dem Moment, als sie erfährt, dass der Graf über ihre Lage informiert ist:

Gartenszene

> »Hat man ihnen denn in M… nicht gesagt – ? – fragte sie […]. Alles, geliebte Frau, versetzte der Graf; doch von ihrer Unschuld völlig überzeugt – Wie! rief die Marquise, indem sie aufstand, und sich loswickelte; und Sie kommen gleichwohl?« (S. 31)

Sie wirft ihm offenbar vor, trotz seines Wissens und im Glauben an ihre Unschuld, um deren Beweis sie gerade kämpft, zu kommen.

Mehrfach beteuert der Graf seinen Glauben an ihre Unschuld und wird jedes Mal von ihr unterbrochen mit den Ausrufen: »Hinweg!« und »Lassen sie mich!«, bis sie ihn zurückstößt und die Flucht ergreift mit den Worten »Ich will nichts wissen« (S. 31). Er will sich unbedingt Gehör bei ihr verschaffen, aber sie flieht ins Haus und verriegelt die Tür von innen. Sie will sein Liebesgeständnis und seinen erneuten Heiratsantrag nicht hören. Aber warum stößt die Marquise ihn zurück?

Abweisung

Motivation

Die Gefühls- und Konfliktlage der Marquise ist komplex, so dass mehrere Gründe denkbar sind, warum sie ihn, den sie offensichtlich liebt, zurückweist. Vielleicht kann sie sein Liebesbekenntnis nicht annehmen, weil sie ihm gegenüber durch das Eheversprechen an den Kindsvater wortbrüchig geworden zu sein glaubt. Möglicherweise schämt sie sich, weil der Graf sie als unehelich Schwangere und gesellschaftlich Ausgegrenzte vorfindet. Oder kann sie seine Großmut, sie dennoch heiraten zu wollen, nicht annehmen?

Selbstbestimmung der Frau

Das Eindringen des Grafen in den Garten spielt verschlüsselt auf die erste Begegnung und seine Vergewaltigung der Marquise an. Es sind die einzigen Situationen, in denen die Marquise und der Graf allein sind. Anders als in der Brandnacht, in der sie bewusstlos und wehrlos war, behauptet sie jetzt ihm gegenüber ihren Willen: sprachlich (»ich befehl's«, »ich will nichts wissen« [S. 31]), textuell bekräftigt durch den Sperrsatz, körperlich (sie reißt sich aus seinen Armen los) und räumlich (sie verriegelt das Haus). Sie stellt sich gegen den Mann und tritt als selbstbestimmtes Individuum auf. Symbolisch unterstützt der abgeschlossene Garten, der *hortus conclusus*, die Unschuld der Marquise, da er in der christlichen Symbolik eine Metapher für die Jungfräulichkeit und Unschuld Marias ist.

Die Ohnmacht

Die Ohnmacht der Marquise in der Brandnacht wirft die Frage auf, ob sie wirklich nicht weiß, was in diesem Augenblick der Bewusstlosigkeit geschah, und unschuldig ist, wie sie behauptet. Ein Nicht-Wissen dessen, was in jenem intimen Moment geschah, den der Text ausspart, würde die Marquise trotz der Schändung durch den russischen Offizier unschuldig machen. An ihrer Glaubwürdigkeit zweifelt jedoch nicht nur ihre Familie, sondern auch die zeitgenössischen Leserinnen und Leser und die Literaturwissenschaft. Wie überzeugend die These von der Unglaubwürdigkeit der Marquise ist und ob der Text nicht Argumente liefert, die ihre Glaubwürdigkeit unterstützen, soll im Folgenden überprüft werden.

Erste Lesart: Unglaubwürdigkeit

Die Ohnmacht der Heldin hat in der Kleist-Forschung zu der Vermutung geführt, sie gebe damit ihr ›stilles Einverständnis‹ zu der körperlichen Vereinigung und flüchte in die Bewusstlosigkeit, um die verbotenen erotischen Wünsche zu verstecken und sich in ihrer Unwissenheit ihre Unschuld und Reinheit zu bewahren.[14] In dieser Sicht liegt keine Vergewaltigung vor,

14 Dorrit Cohn, »Kleist's »Marquise von O…: The problem of knowledge«, in: *Monatshefte* 67 (1975) No. 1, S. 132 f.; Heinz Politzer, »Der Fall der Frau Marquise. Beobachtungen zu Kleists *Die Marquise von O…*«, in: *Heinrich von Kleist*

sondern eine Verführung. Für Dorrit Cohn ist der abwehrende Ausruf der Marquise im Garten »Ich will nichts wissen« (S. 31) ein Beleg, dass die Marquise wisse, was während ihrer Ohnmacht geschah, und dieses Wissen ins Unbewusste verdrängt habe. Die Ohnmacht wäre dann nicht nur eine Reaktion auf die rohe Gewalt der Soldaten, sondern auch auf die Zuneigung, die die Marquise bei der ersten Begegnung mit dem Grafen erfasst habe. Ihre Abweisung des Grafen signalisiere, dass sie sich selbst nicht eingestehen will, sich hingegeben zu haben.

■ Verdrängung

Diese Interpretation verwendet dieselben Vorurteile gegenüber unverheirateten schwangeren Frauen wie die medizinisch-juristische und moralische Diskussion im 18. Jahrhundert, die von vorgetäuschten Ohnmachten und Verstellungen der Frauen ausging. Die Zweideutigkeit der weiblichen Ohnmacht wird einseitig zugunsten der Unaufrichtigkeit der Marquise aufgelöst (siehe den Abschnitt »Zur Sozialgeschichte« in Kap. 6).

Zweite Lesart: Glaubwürdigkeit

Die Marquise wird als vielschichtig und in ihren Gefühlen und verinnerlichten Normen widersprüchlich dargestellt. Mehrere Hinweise im Text legen jedoch

Die Marquise von O. . ., mit Materialien und Bildern aus dem Film von Éric Rohmer, hrsg. von Werner Berthel, Frankfurt a. M. 1979, S. 114.

die Lesart nahe, dass sie tatsächlich nichts weiß, sich an nichts erinnert und glaubwürdig ist:

- Die Tatsache, dass die Marquise den Arzt und die Hebamme beauftragt, sie zu untersuchen, würde keinen Sinn machen, wenn sie wüsste, warum und durch wen sie schwanger geworden ist.
- Sie lehnt die Hilfe der Hebamme, ihre Schwangerschaft zu verbergen, ab und bleibt standhaft bei ihrer Unwissenheit, die ihr keiner glauben will.
- Auf dem Landsitz hätte sie das Kind auch heimlich zur Welt bringen können. Stattdessen aber macht die Marquise ihre Schwangerschaft öffentlich und setzt sich damit dem gesellschaftlichen Spott aus.
- Nachdem der Arzt festgestellt hat, dass sie schwanger ist, versucht die Marquise vergeblich, sich daran zu erinnern, wie es zu einer Empfängnis gekommen sein könnte: »Sie durchlief, gegen sich selbst misstrauisch, alle Momente des verflossenen Jahres« (S. 22), doch hat sie keinerlei Erinnerung. Warum sollte sie ihre eigene Erinnerung prüfen, wenn sie wüsste, was geschehen ist?
- Wenn ihre Unschuldsbeteuerung eine Lüge wäre, warum sollte sie dabei bleiben, da ihre Mutter ihr doch deutlich macht, dass sie einen Fehltritt akzeptieren könne, aber keine Täuschung (S. 24). Die Mutter bietet ihr eine Chance, aus der Situation herauszukommen und im Schutzraum der Familie zu einer einvernehmlichen Lösung zu gelangen. Die Marquise setzt aber die enge Bindung an die

Familie aufs Spiel, weil sie vermutlich wirklich nichts weiß.[15]

Aber warum verteidigt die Marquise ihre Glaubwürdigkeit, Unschuld und Tugend nachhaltig und gegen alle Vorurteile der Welt, wo sie doch mehrere Ausweichmöglichkeiten gehabt hätte, um als ehrbare Frau dazustehen? Eine plausible Antwort besteht darin, dass sie die rätselhaften Geschehnisse aufklären und die Wahrheit wissen will. Sie will wissen, was wie, wann und durch wen passiert ist. Darum gibt sie das Zeitungsinserat auf und nimmt den Bruch mit der Familie, die soziale Isolation und die gesellschaftliche Verachtung in Kauf.

Suche nach der Wahrheit

Kleists Epigramm

Kleist selbst hat zum Täuschungsvorwurf gegenüber seiner Heldin Stellung bezogen. Auf die empörte Kritik seiner Zeitgenossen, kein Frauenzimmer könne die Geschichte der »Marquisin von O.« ohne Erröten lesen[16], hat er mit einem Epigramm, das den gleichen Titel wie die Novelle trägt, bissig reagiert: »Dieser Roman ist nicht für dich, meine Tochter. In Ohnmacht! /

15 Seán Allan, »›… Auf einen Lasterhaften war ich gefasst, aber auf keinen – – – Teufel‹: Heinrich von Kleists *Die Marquise von O…*«, in: *German Life and Letters* 50 (1997) H. 3, S. 315.

16 Dora Stock am 11. April 1808, in: Doering (siehe Anm. 1), S. 59 f.

Schamlose Posse! Sie hielt, weiß ich, die Augen bloß zu.«[17]

Kleist wendet sich an seine Leserinnen, die nicht glauben wollen, dass die Marquise ohne ihr Wissen geschwängert wurde. Er ironisiert die missverständliche Rezeption seiner Novelle und die Doppelbödigkeit seiner Leserinnen und Leser, sich moralisch zu empören und zugleich neugierig auf sexuell Verbotenes zu sein.

Die Lösung

Nachdem mit der Zeitungsanzeige der Gipfelpunkt der Novelle erreicht ist, setzt eine Wende ein, die schrittweise auf ein versöhnliches Ende hinsteuert. Es beginnt mit der Wahrheitsprobe der Marquise. Die Mutter erfindet die Geschichte vom Jäger Leopardo, der sich als »der Schändliche, der die Frau Marquise betrogen habe« (S. 37), zu erkennen gegeben habe. Da die Marquise diese Geschichte glaubt, ist das für die Mutter der Beweis ihrer Unschuld und sie führt sie wieder in die Familie zurück.

■ Wahrheitsprobe

In seiner Reue gegenüber seiner Tochter gibt der Obrist ein fragwürdiges Bild seiner väterlichen Autorität. Er schluchzt, weint, »beugte sich ganz krumm,

■ Autorität des Vaters

17 Heinrich von Kleist, *Sämtliche Werke und Briefe in 4 Bänden*, hrsg. von Ilse-Marie Barth, Klaus Müller-Salget, Stefan Ormanns, Hinrich C. Seeba, Bd. 3: *Erzählungen, Anekdoten, Gedichte, Schriften*, hrsg. von K. M.-S., Frankfurt a. M. 1990, S. 414.

und heulte« (S. 40) und verliert jegliche innere und äußere Haltung. Seine Autorität wird zudem ins Lächerliche gezogen, wenn die Obristin ihm wie einem Kind für den Abend Stärkendes kocht und das Bett wärmt (S. 41). Die an Rousseau angelehnte Versöhnungsszene (siehe Kap. 5) inszeniert ein Liebesspiel zwischen Vater und Tochter, das die Grenze des kulturell Erlaubten überschreitet und durch den heimlichen Blick der Obristin durchs Schlüsselloch mit erotischen Leseanreizen spielt.

Die Identität des Täters

Als der Graf am Dritten des Monats um 11 Uhr im Hause des Obristen erscheint und sich als Vater des ungeborenen Kindes zu erkennen gibt, reagiert die Marquise mit Schrecken und Fassungslosigkeit. Die Erkenntnis der Wahrheit lässt sie innerlich abstürzen: Sie »glaubte […] in die Erde zu sinken«, »Blässe des Todes [überflog] ihr Antlitz« und sie drohte, erneut »wahnsinnig« zu werden (S. 44). Sie kann nicht glauben, dass der Graf derjenige ist, der sich an ihr vergangen hat, und verteufelt ihn: »auf einen Lasterhaften war ich gefasst, aber auf keinen – – – Teufel!« (S. 44) Sie stockt, bevor sie das ungeheure Wort »Teufel« ausspricht und den Grafen damit wegen seines Vergehens anklagt. Sie gerät völlig außer sich und

> »blickte, mit tötender Wildheit, bald auf den Grafen, bald auf die Mutter ein; ihre Brust flog, ihr Antlitz loderte: eine Furie blickt nicht schrecklicher. […] Diesem Mann, Vater, sprach sie, als jene

> noch unter dem Eingang waren, kann ich mich nicht vermählen!« (S. 45)

Die Marquise lehnt eine Ehe mit ihm ab, obwohl sie bereit war, einen Mann zu heiraten, der für sie »zum Auswurf seiner Gattung« (S. 29) gehört, und der Graf das Gegenteil eines solchen Mannes ist. Ging es ihr in der Zeitungsanzeige vor allem um das Wohl des Kindes, müsse sie »in diesem Falle, mehr an sich, als ihr Kind, denken« (S. 46). Erneut versucht die Marquise, sich selbst zu behaupten, und stemmt sich gegen eine Realität, die sie jetzt eingeholt hat.

Reaktion der Marquise

Doch was löst diese widersprüchliche und affektgeladene Reaktion aus? Diese Frage lässt sich nicht eindeutig beantworten, weil die Leserinnen und Leser keinen Einblick in die inneren Vorgänge der Marquise erhalten und daher vieles offenbleibt. Denkbar sind folgende Erklärungen:

- Sie wusste wirklich nicht, dass der Graf es war, der sich an ihr vergangen hat.
- Sie hat zu Anfang den Grafen als ihren Retter, als einen »Engel des Himmels« (S. 5) überhöht. Dieses Bild bricht nun zusammen, und der Graf zeigt sich als moralisch zweifelhafter Mann. Der Retter ist ihr Vergewaltiger; der Engel ein Teufel.
- Ihr Gefühlsleben kommt durcheinander, weil der Graf ihr Vertrauen und ihre Zuneigung verletzt hat. Der Vertrauensbruch wiegt schwerer als die körperliche Vergewaltigung, die sie zudem aufgrund

ihrer Ohnmacht nicht miterlebt hat. Der Graf hat sie entwürdigt und die erste Begegnung, die die Möglichkeit einer Liebesbeziehung enthielt, zu einem Gewaltverhältnis gemacht.

Moral in der fiktiven Welt

Moralische Grundsätze werden innerhalb der fiktiven Welt widersprüchlich angewandt, wie sich am Verhalten der Eltern zeigt. Sie verhandeln die Moral in Bezug auf die eigene Tochter, nicht aber in Bezug auf den Täter. Die Obristin erkennt im Grafen, als er am Dritten erscheint, sofort den Schuldigen, aber statt ihn zu verurteilen, setzt sie sich für eine Versöhnung ein:

> »stehn Sie auf, Herr Graf, stehn Sie auf! Trösten Sie jene; so sind wir alle versöhnt, so ist alles vergeben und vergessen.« (S. 44)

Der Obrist hat zwar mit Härte seine Tochter verstoßen, zieht jedoch den Grafen wegen seiner Tat nicht zur Rechenschaft. Bei ihm und seiner Frau breitet sich schnell Erleichterung darüber aus, dass der Vater des Kindes eine hohe soziale Stellung einnimmt, und sie konzentrieren sich auf praktische Fragen des Ehevertrages und der Eheschließung. Nur die Marquise erhebt Anklage (»Teufel« [S. 44]), und ihre Handlungen sind von Beginn an von moralischen Werten und der Verteidigung ihrer Unschuld bestimmt.

Als der Heiratsvertrag vorliegt, ist die Marquise zu einer formalen Ehe bereit (S. 46). Mit großzügigen

Geld- und Besitzgeschenken zur Taufe des Kindes regelt der Graf die Beziehungen und gewinnt allmählich durch seine Demut, seine Zurückhaltung und sein geduldiges Warten das Vertrauen der Marquise, bis sie ihm nach einem Jahr vergibt. Die Erzählung endet mit einer zweiten Hochzeit, dem gemeinsamen Leben auf dem Landgut und dem Hinweis auf weitere russische Kinder. Doch warum vergibt die Marquise nach ihrem tiefen Sturz, dem Bruch mit der Familie, der Verletzung ihres Körpers und ihrer Identität ihrem Vergewaltiger und lässt sich auf eine zweite Ehe ein? Um das Verhalten der Marquise und die versöhnliche Lösung der Novelle verständlich zu machen, sollen abschließend die übergreifenden thematischen Zusammenhänge dargestellt werden.

Versöhnung

Thematische Zusammenhänge

Der materielle Ausgleich und die Heirat zwischen Opfer und Täter entsprachen durchaus der zeitgenössischen Praxis, die die Rechtsordnung damit aufrechterhalten wollte. Das Motiv der Heirat mit dem eigenen Vergewaltiger kommt häufig in der populären Literatur vor, die den Themenkomplex Gewalt und Sexualität behandelt, und in vielen Texten, zu denen diese Novelle in einer intertextuellen Beziehung steht, wie Montaignes *Über die Trunksucht* (siehe Kap. 5). Wird in Richardsons *Clarissa* der Täter noch mit dem Tod bestraft, verschiebt sich bei Kleist der thematische Schwerpunkt. Es geht nicht um das Verbrechen und die Verurteilung des Täters, sondern um die Folgen der Tat für das Opfer und die soziale Integration des Täters. Voraussetzungen dafür sind seine Einsicht in sein Verbrechen und sein Sühneverhalten.

Gescheiterte Emanzipation?

Mit seiner Titelheldin nimmt Kleist Bezug auf die Forderung der Aufklärung nach Selbstbestimmung und Mündigkeit des Einzelnen (siehe den Abschnitt »Literaturgeschichtliche Einordnung« in Kap. 7). Die Marquise befreit sich aus ihrer traditionellen Frauenrolle und behauptet sich als unabhängiges Individuum, indem sie um Wahrheit, um den Beweis ihrer Unschuld und um ihre Identität kämpft. Doch bereits nach ihrer Rückkehr in die Familie passt sie sich wieder an und fügt sich schließlich in die bürgerliche Familienordnung und konventionelle Frauenrolle ein. Die Emanzipation der Frau scheint gescheitert zu sein.

Soziale Identität

Die Novelle erzählt jedoch nicht nur vom Scheitern einer weiblichen Selbstbefreiung, sondern auch davon, dass der Einzelne sich nur innerhalb der bürgerlichen Ordnung seiner selbst vergewissern kann und lebensfähig ist. Die Figuren handeln innerhalb bestehender sozialer Ordnungen und suchen darin nach einer Lösung. Gegenüber dem aufgeklärten, selbständigen Individuum betont die Novelle die Bedeutung sozialer Identität und die Abhängigkeit des Einzelnen und seines Handelns von sozialen Bedingungen. Die Marquise hat, nachdem sie aus der sozialen Ordnung gefallen ist, mit Erfolg um ihre Identität und ihren Platz in der Gesellschaft gekämpft.

Die Novelle endet nicht mit einer auf Vernunft gegründeten Ehe, für die sachliche Überlegungen (Finanzen, Status, soziale Sicherheit, Schutz für das Kind) entscheidend sind und in der Sexualität ausgeschlossen wird (Verzicht »auf alle Rechte eines Gemahls« [S. 46]), sondern mit einer zweiten Ehe, die sich qualitativ von der ersten unterscheidet. Grundlage der zweiten Ehe sind Zuneigung und Sexualität. Das Liebesglück entspricht dem Ideal einer Einheit von Ehe und Liebe, das sich im ausgehenden 18. Jahrhundert herausbildet (siehe den Abschnitt »Zur Sozialgeschichte« in Kap. 6). Mit dem neuen Liebes-/Eheideal werden die Gefühle der Frau aufgewertet.[18] Die Frau wird in ihren Gefühlen als gleichberechtigtes Individuum, das das Recht hat, Nein zu einem Mann zu sagen, anerkannt. Und die Marquise sagt Ja! Sie ist nicht mehr Objekt des Begehrens des anderen, sondern tritt als Subjekt ihrer Liebe auf. Für Klaus Müller-Salget handelt es sich um ein »Verhältnis von Gleichgestellten«.[19] Mit ihrer Entscheidung gewinnt die Marquise die Einheit ihres Ich, die durch die sexuelle Gewalt und ihre Folgen brüchig geworden war, wieder zurück.

■ Ehe-/Liebesideal im 18. Jahrhundert

Die Institution der Familie zeigt Risse. Ihre Einheit zerbricht mit der ungerechten Verdächtigung und Verstoßung der Tochter. Die Autorität des Vaters steht bereits beim Angriff auf die Zitadelle infrage (S. 4), da er seine Familie nicht schützen kann und sie

■ Die Familie

18 Lenz (siehe Anm. 9), S. 69.
19 Müller-Salget (siehe Anm. 17), S. 782.

ihrem Schicksal überlässt, und wird durch den Widerstand der Tochter und die Eigenmächtigkeit der Obristin, die Geschehnisse in der Familie zu lenken (Probe der Tochter, Initiieren der Versöhnung, Aufnahme des Grafen in die Familie) unterlaufen. Doch bei aller Brüchigkeit wird die Institution der Familie am Ende wiederhergestellt und durch die Liebesbindung gefestigt. Der Hinweis auf die Nachkommen signalisiert zudem den Fortbestand der Familie.

Mit seiner Titelheldin stellt Kleist den juristischen und medizinischen Vorurteilen seiner Zeit eine Frauenfigur gegenüber, die trotz unehelicher Schwangerschaft unschuldig ist und ohne ihr Einverständnis mit einem sexuellen Akt empfangen hat. Entgegen der zu seiner Zeit herrschenden Meinung führt Kleist einen Fall vor, in dem eine schwangere Witwe nicht täuscht, sondern die Wahrheit sagt. Er hält der Gesellschaft ein Frauenbild entgegen, das nicht in ihre Geschlechtervorstellungen und das geltende soziale und moralische Weltbild passt. Die Geschichte der Marquise wird zu einem Gegentext zu herrschenden Vorurteilen und vorgefassten Annahmen im aufgeklärten Zeitalter.

■ Aufklärungskritik

Das Zusammenbrechen von familiären, moralischen und rechtlichen Ordnungen und die Gefährdung von Identität sind thematische Leitfäden der Novelle. Die Kriegssituation erschüttert die stabile Welt der Familie, die Vergewaltigung verletzt Rechtsnormen, Moralauffassungen und Persönlichkeitsrechte der Frau, und mit der Schwangerschaft der

Marquise zerfällt die familiäre Einheit. Die Novelle stellt jedoch am Ende die Ordnung, die den Täter integriert, ohne nach der moralischen Schuld zu fragen, wieder her. Nicht das moralisch Gute siegt, wie es die Moralphilosophie des 18. Jahrhunderts annimmt, sondern die Stabilisierung bürgerlicher Verhältnisse und die Erkenntnis, dass der Mensch weder gut noch böse, sondern fehlbar und widersprüchlich ist. Entgegen geltender Moralauffassungen zeigt Kleist das Nebeneinander von Gut und Böse, das Ambivalente und Zwiespältige der menschlichen Natur auf. In einer als »gebrechlich[]« (S. 47) erfahrenen Welt richten sich die Figuren wieder so ein, dass diese Welt geordnet, vernünftig und sinnhaft für sie wird.

Vernünftige Ordnung

7. Autor und Zeit

Kleists Leben spielt sich in einer Zeit des politischen und historischen Umbruchs ab, mit der Französischen Revolution (1789–99), der Abschaffung des Absolutismus in Frankreich, der Erklärung der Menschen- und Bürgerrechte durch die französische Nationalversammlung (1789), der Verbreitung der Losung »Freiheit, Gleichheit, Brüderlichkeit«, der Ablösung eines religiösen Weltbilds durch ein weltliches (Säkularisierung), der Kriege gegen Napoleon (1800–15), dem Zusammenbruch des Heiligen Römischen Reiches Deutscher Nation (1806) und dem Verlust der Stellung Preußens als europäischer Großmacht.

Kurzbiographie

Kindheit (1777–87)

Laut Kirchenbucheintrag wurde Bernd Heinrich Wilhelm von Kleist am 18. Oktober 1777 in Frankfurt an der Oder geboren, er selbst gab jedoch den 10. Oktober an. Vieles spricht dafür, dass es sich bei dem Eintrag des Pfarrers in das Kirchenbuch um einen Schreibfehler handelt und das eigentliche Geburtsdatum von Kleist der 10. Oktober ist.[20] Heinrich von Kleist entstammt einem alten pommerschen Adels- und Offiziersgeschlecht. Kleists Vater Joachim Friedrich von Kleist war Capitän (Hauptmann) und Kompaniechef bei einem Infanterieregiment. Nach dem Tod seiner ersten Frau, mit der er zwei Kinder hatte,

20 Klaus Müller-Salget, *Heinrich von Kleist*, Stuttgart ²2011, S. 18.

Abb. 3: Heinrich von Kleist, Reproduktion einer Illustration von Peter Friedel. angefertigt für Kleists Verlobte Wilhelmine von Zenge (1801)

heiratete er 1775 Juliane Ulrike von Pannwitz. Kleist war das dritte von fünf Kindern aus dieser Verbindung. Seine Halbschwester Ulrike war seine Lieblingsschwester. Sie blieb unverheiratet und hat ihn im Laufe seines Lebens immer wieder moralisch und finanziell unterstützt. Eine eigene Existenz konnte sie sich erst nach Kleists Tod aufbauen.

■ Jugendzeit (1788–92)

Kleist bekam Hausunterricht und wurde streng erzogen. Anfang 1788 schickten ihn seine Eltern nach Berlin an eine Privatschule, an der er eine französisch geprägte Bildung von einem hugenottischen Prediger erhielt. Als sein Vater im Juni 1788 starb, geriet die Familie in finanzielle Schwierigkeiten und Kleist musste nach Frankfurt zurückkehren. Nach dem Tod seiner Mutter 1793 kümmerte sich ihre Schwester um den Haushalt und die verwaisten Kinder.

■ Militärzeit in Potsdam (1792–99)

Kleist trat 1792 als Gefreitenkorporal (ein Unteroffiziersgrad) in das Infanterieregiment Garde Nr. 15, einer Eliteeinheit des Königs, in Potsdam ein. Zu der Zeit befanden sich Preußen und Österreich im ersten Koalitionskrieg mit Frankreich (1792–97). Kleists Regiment nahm am Feldzug gegen Frankreich und an der Befreiung von Mainz teil. Nach dem Sonderfrieden von Basel zwischen Preußen und Frankreich kehrte Kleist mit seinem Regiment nach Potsdam zurück. Er wurde 1797 in den Offiziersstand erhoben.

■ Freunde

In Potsdam baute Kleist einen Freundeskreis auf, zu dem Ernst von Pfuel, der spätere Ministerpräsident und Kriegsminister von Preußen (1848), und Otto August Rühle von Lilienstern, der 1844 zum Gene-

Abb. 4: Kleists Geburtshaus in Frankfurt an der Oder, das im Zweiten Weltkrieg zerstört wurde – © akg-images

ralinspekteur des preußischen Bildungs- und Militärerziehungswesens aufstieg, gehörten. Von Pfuel unterstützte Kleist finanziell. Zu seinen Freunden gehörte auch seine Cousine Marie von Kleist. Die kleine Pension, die er angeblich von Königin Luise erhielt, stammte von ihr.

■ Ende des Militärdienstes

Kleist geriet immer mehr in Konflikt mit dem Militär und dessen strenger Disziplin und Gehorsamspflicht. Es widersprach seinem aufklärerischen Denken und seinen Idealen von Selbstbestimmung. Er bat daher 1799 um seine Entlassung aus dem Militärdienst und kehrte nach Frankfurt an der Oder zurück.

■ Lebensplan

Im Sinne der Aufklärung wollte er sein Leben selbst bestimmen und entwarf einen Lebensplan. Zu seinen Zielen gehörte die Bildung der Persönlichkeit durch Wissenschaft, Aufklärung und Humanität.

■ Frankfurt an der Oder (1799–1801)

In Frankfurt an der Oder begann er Physik und Mathematik zu studieren und hörte Vorlesungen über Naturrecht, Kulturgeschichte und Philosophie, ohne ein festes Einkommen zu haben und ein Amt anzustreben. Sein Wissen gab er abends an seine Geschwister und die befreundeten Schwestern von Zenge weiter. Er ließ sie Aufsätze zum Lernstoff schreiben und verbesserte deren Deutsch.

■ Ende des Studiums

Doch war Kleist zunehmend unzufrieden mit der Wissenschaft, die ihm zu verstandesorientiert war und dem Gefühlsleben zu wenig Raum ließ. Auch kritisierte er die Ausrichtung der Wissenschaft auf gesellschaftliche und wirtschaftliche Verwertbarkeit. Nach drei Semestern brach er daher das Studium ab.

1800 verlobte Kleist sich mit Wilhelmine von Zenge, Tochter eines Generalmajors. Die Forderung von Wilhelmines Vater, er möge ein Fach studieren, das ihm später ein Amt sichere, lehnte er ab. Er strebte nach individuellem Glück und Selbstverwirklichung. Wilhelmine gegenüber trat er schulmeisterlich und belehrend auf, indem er ihr Denkübungen aufgab. Das wurde in der Kleist-Forschung immer wieder als herabsetzend kritisiert.

■ Verlobung (1800)

1800 machte Kleist sich nach Berlin auf, um sich um eine Anstellung bei Hofe zu bemühen. Von Berlin aus reiste er mit seinem Freund Ludwig von Brockes unter falschem Namen und mit gefälschten Reisepapieren über Leipzig und Dresden nach Würzburg. Ursprünglich sollte diese Reise nach Wien führen, und es hat viele Spekulationen über den Grund von Kleists Aufenthalt in Würzburg gegeben. Vermutet wurden eine medizinische Behandlung wegen Impotenz, Industriespionage und Kontakte zu den Freimaurern, von denen Kleist sich ein Honorar für eine Schrift zur Verteidigung der verfolgten Freimaurer erhoffte. Nach einer anderen These strebte er ein Lehramt an und wollte sich dafür in Würzburg habilitieren. Auch wenn der Zweck der Reise bis heute ungeklärt ist, so war Würzburg doch eine wichtige Zwischenstation auf dem Weg Kleists zum Schriftsteller. Im Oktober 1800 war Kleist wieder zurück in Berlin.

■ Reise nach Würzburg (1800)

Kleist blieb bis 1801 in Berlin und versuchte beruflich Fuß zu fassen. Er hospitierte in der staatlichen Technischen Deputation, die u.a. Fabriken überwachte und technische Erneuerungen überprüfte, und nahm am kulturellen und gesellschaftlichen Leben in Berlin teil. Während dieser Zeit befasste er sich mit Schriften von Rousseau, Lessing, Goethe und Schiller. Die Lektüre von Immanuel Kant stellte sein Weltbild und sein Verständnis von Wahrheit infrage. Zweifel an der Erkennbarkeit von Wahrheit erschütterten ihn nachhaltig. Da auch sein Lebensentwurf, sich durch Bildung selbst zu vervollkommnen, gescheitert war, stürzte er in eine von Angstzuständen begleitete Lebenskrise, die in der Forschung als Kant-Krise bezeichnet wird.[21]

Berlin: Kant-Krise (1800–01)

1801 reiste Kleist mit seiner Schwester Ulrike nach Paris und verbrachte dort fünf Monate. Er war von Paris und seinem großstädtischen Leben, oberflächlichen Lebensstil, dem Schmutz, der Kriminalität und Einsamkeit der Menschen enttäuscht und geriet noch tiefer in eine innere Krise. Zwischen ihm und Ulrike gab es Unstimmigkeiten, da ihn ihr ›männliches‹ Auftreten störte. 1801 reisten sie in Begleitung des Landschaftsmalers und Kupferstechers Friedrich Lose aus Paris wieder ab. Die Wege trennten sich in Frankfurt am Main und Ulrike fuhr zurück nach Frankfurt an der Oder. Mit seiner Schwester hatte Kleist sich überworfen, aber sie half ihm weiterhin mit Geld aus. Seine übrige Familie dagegen lehnte ihn wegen seiner Lebensführung (Ausscheiden aus dem Militärdienst, Abbruch des Studiums, Berufs- und Mittellosigkeit) ab.

Reise nach Paris (1801)

21 Jens Bisky, *Kleist. Eine Biographie*, Berlin 2007, S. 24, 108.

Abb. 5: Wohnhaus Kleists am Thunersee – © Burgerbibliothek Bern, AK. 1489

Schweiz (1801–03)

1801 reiste Kleist mit Friedrich Lose in die Schweiz, in der ein Bürgerkrieg herrschte. Inmitten dieser Unruhen suchte Kleist nach einem ruhigen Landleben. Er hatte zuvor schon von einem ländlichen Leben geträumt, in dem er schriftstellern könnte. In Basel zerstritten sich Kleist und Lose und Kleist ging nach Bern, um dort Bekannte zu treffen. Er zog sich 1802 auf die idyllische Delosea-Insel im Thunersee zurück, um dort als Schriftsteller zu leben. Im selben Jahr löste Kleist die Verlobung mit Wilhelmine von Zenge auf, die ihm nicht in die Schweiz folgen wollte. In der Schweiz entstanden die ersten Szenen der Tragödie *Robert Guiskard* und Kleist begann mit der Arbeit an dem Trauerspiel *Die Familie Schroffenstein* und dem Lustspiel *Der zerbrochene Krug*. Als er krank wurde, ging er zur ärztlichen Behandlung nach Bern. Als Belastung kam noch die Geldnot hinzu. Ulrike reiste zu ihrem Bruder, um ihm erneut zu helfen.

Wieland

Ende 1802 verließ Kleist mit Ulrike die Schweiz. Während sie nach Frankfurt an der Oder zurückkehrte, begab er sich nach Weimar und besuchte den großen Dichter der Aufklärung Christoph Martin Wieland, der eine bedeutende Rolle im literarischen Leben spielte, in Oßmannstedt bei Weimar. Wieland schätzte Kleists Arbeiten und ermutigte ihn, die Arbeit an *Robert Guiskard* fortzusetzen. Kleist blieb zwei Monate auf dessen Landgut.

Reise nach Paris (1803)

Von Weimar ging Kleist 1803 zunächst nach Leipzig und dann weiter nach Dresden. Geplagt von Geldsorgen und dem Erwartungsdruck seiner Familie, bat er Ulrike erneut um Geld. 1803 führte ihn eine Reise mit seinem Freund Ernst von Pfuel erneut nach Paris. Kleist geriet in eine Schreibkrise, war voller Selbstzweifel und hatte Todeswünsche, weil das *Guiskard*-Projekt gescheitert war. Von Pfuel und er zerstritten sich; er verbrannte den *Guiskard* und verließ Paris.

Normandie

Kleist floh in die Normandie nach St. Omer, um sich als Soldat dem französischen Heer anzudienen, das eine Invasion gegen England vorbereitete. Ihm drohte deswegen in Berlin eine Anklage wegen Hochverrats. Obwohl er Napoleon immer zutiefst verachtet hatte, suchte er den Tod ausgerechnet in einer Schlacht der französischen Armee. Kleist wurde jedoch abgewiesen und ein zweiter Versuch scheiterte ebenfalls.

1804 kehrte Kleist nach einem längeren Aufenthalt in Mainz nach Berlin zurück und litt unter einer schweren Depression. Er bemühte sich um ein Amt im Zivildienst und erhielt schließlich eine Ausbildung im Finanzdepartement. Zur weiteren Schulung wurde er 1805 nach Königsberg geschickt, wo er als Angestellter in der Kriegs- und Domänenkammer arbeitete. In der Königsberger Gesellschaft galt er als eigensinniger Sonderling. Aufgrund gesundheitlicher Beschwerden nahm er sechs Monate unbezahlten Urlaub und war während dieser Zeit schriftstellerisch sehr produktiv. Er beendete 1806 den *Zerbrochenen Krug* und arbeitete an *Amphitryon*, den Novellen *Das Erdbeben in Chili* und *Michael Kohlhaas* und am Drama *Penthesilea*. Erneut bat er um seine Entlassung aus dem Staatsdienst, um sich ganz der Schriftstellerei zu widmen.

■ Berlin/ Königsberg (1804–07)

Preußen begann den Krieg gegen Frankreich, der mit seiner Niederlage in der Doppelschlacht bei Jena und Auerstedt 1806 endete. Kleist reiste mit Ernst von Pfuel und zwei ehemaligen Offizieren nach dem von Napoleon besetzten Berlin. Nachdem sich von Pfuel von der Gruppe abgesetzt hatte, wurden die anderen drei 1807 wegen Spionageverdachts von den Franzosen verhaftet und in der Festung Fort de Joux im Juragebirge gefangengehalten. Hier starb 1803 Toussaint Louverture, Rebellenanführer im französisch besetzten Saint-Domingue, der Vorbild für die Figur Congo in Kleists Novelle *Die Verlobung in St. Domingo* war. Später wurden sie in ein Kriegs-

■ Gefangenschaft (1807)

gefangenenlager in Châlons-sur-Marne im Nordosten Frankreichs gebracht. Er blieb bis zum Frieden von Tilsit 1807 zwischen Preußen und Frankreich in Haft.

Dresden (1807–09)

Nach dem Entlassungsbefehl ging Kleist 1807 zunächst nach Berlin, dann nach Dresden, das damals nicht von den Franzosen besetzt war und das sich zudem zu einem Kunstzentrum entwickelt hatte. Er traf seine alten Freunde wieder und lebte dort bis 1809. Kleist schrieb Novellen, die zu der Zeit noch keine angesehene Gattung, aber gut geeignet für die Veröffentlichung auf dem Zeitschriftenmarkt waren. Während dieser Zeit erschienen *Amphitryon*, das eine gute Besprechung erhielt, und *Das Erdbeben in Chili*. Er begann die Komödie *Das Käthchen von Heilbronn* und beendete *Die Marquise von O....* Kleist erhielt öffentliche Anerkennung und wurde am 10. Oktober 1807 mit dem Dichterlorbeer geehrt.

Phöbus

Nach dem Vorbild von Friedrich Schillers Zeitschrift *Die Horen* gründete Kleist zusammen mit dem Philosophen und Staatstheoretiker Adam Müller im Januar 1808 *Phöbus. Ein Journal für die Kunst*. Im 1. Heft erschien *Penthesilea* als Fragment und erhielt eine vernichtende Kritik. Als im 2. Heft 1808 *Die Marquise von O...* veröffentlicht wurde, wurde sie als unmoralisch abgelehnt.

Scheitern der Zeitschrift

Die Zeitschrift geriet in finanzielle Schwierigkeiten und musste 1808 eingestellt werden. Sie erreichte nicht das gebildete Lesepublikum, weil das Programm nicht dem klassischen Bildungsideal entsprach.

Die in Weimar 1808 von Goethe inszenierte Aufführung des *Zerbrochenen Krugs* war ein Fehlschlag und führte zu einem Bruch zwischen Goethe und Kleist. Es scheiterten jetzt viele Projekte. Kleist hatte sich zwar einen Namen gemacht, war aber mit 31 Jahren arm und auf finanzielle Unterstützung angewiesen.

Theater in Weimar

1809 reiste Kleist mit dem späteren Historiker Friedrich Christoph Dahlmann nach Prag, das noch vor dem französischen Heer sicher war. Sie wollten weiter nach Wien und besuchten als Kriegstouristen[22] das Schlachtfeld von Aspern östlich von Wien, wo Österreich 1809 Frankreich geschlagen hatte. Sie wurden von den Österreichern verdächtigt, französische Kriegsspione zu sein, und verhaftet. Sie kehrten aber nach kurzer Zeit nach Prag zurück. Kleist war verschuldet und musste einen weiteren Fehlschlag einstecken: Er konnte *Die Hermannsschlacht* nirgendwo veröffentlichen und inszenieren lassen.

Kriegstourist (1809)

Von Februar 1810 bis zu seinem Tode 1811 lebte Kleist in Berlin. Berlin hatte sich zu einem Zentrum der Frühromantik mit Achim von Arnim, Clemens Brentano und Joseph von Eichendorff entwickelt. Kleist galt in der Gesellschaft als Außenseiter. Er veröffentlichte 1810/11 die zwei Bände *Erzählungen* und beendete den *Prinzen von Homburg*.

Berlin (1810–11)

Als der berühmte Direktor des Berliner Nationaltheaters August Wilhelm Iffland die Aufführung des *Käthchen von Heilbronn* ablehnte, wehrte Kleist

Iffland

22 Bisky (siehe Anm. 21), S. 375.

sich in einem Brief und spielte auf dessen Homosexualität an. Er löste damit einen Skandal aus. Durch seinen Streit mit dem einflussreichen Iffland verspielte Kleist jede Chance, dass seine Stücke am Berliner Theater aufgeführt wurden.

Berliner Abendblätter

1810 gründete Kleist die erste Tageszeitung Berlins, die *Berliner Abendblätter*. Durch Polizeiberichte über Diebstähle, Morde, Brand und Betrügereien bedienten sie das Sensationsbedürfnis des Publikums und waren daher zu Anfang sehr erfolgreich. Zugang zu den Polizeiberichten hatte Kleist über den Polizeipräsidenten Karl Justus von Gruner. Kleist schrieb politische Kommentare, obwohl er dafür keine Erlaubnis hatte. Nachdem er die preußische Finanz- und Wirtschaftsreform kritisiert hatte, unterlagen die *Abendblätter* der politischen Zensur. Nach seinen Angriffen auf den Spielplan des Berliner Theaters von Iffland durfte er keine Theaterkritiken mehr veröffentlichen. Auch erhielt er keinen Zugang mehr zu Polizeiberichten und konnte daher den Publikumsgeschmack nicht mehr bedienen. Seine Erzählungen, Aufsätze und Anekdoten waren für das breite Publikum nicht interessant. Infolgedessen kamen die *Abendblätter* in finanzielle Schwierigkeiten. 1811 erschien die letzte Nummer. Als 1810 Königin Luise von Preußen, die von Kleist sehr verehrt wurde, starb, entfiel auch die kleine Pension, die er in ihrem Namen von seiner Cousine erhalten hatte. Die Cousine stellte die Zahlungen ein. Kleist war finanziell ruiniert und hatte an Ansehen verloren.

Er resignierte und vereinsamte zunehmend. Vergebens bemühte er sich um eine Anstellung im Königlichen Civildienst und im Herbst 1811 um Aufnahme als ehemaliger Leutnant im Militär. Seine Familie kritisierte ihn heftig und distanzierte sich von ihm als einem »ganz nichtsnützige[n] Glied der menschlichen Gesellschafft«.[23] Diese Kränkungen, das Scheitern seiner Pläne und Projekte (*Guiskard*, *Phöbus*, *Abendblätter*), die fehlende literarische Anerkennung, das vergebliche Bemühen, sich durch ein Amt eine stabile Lebensgrundlage zu schaffen, Geldsorgen und seine soziale Randstellung verstärkten seinen Todeswunsch.

■ Gescheitertes Leben

Inzwischen hatte Kleist die krebskranke Henriette Vogel kennengelernt und sie beschlossen, gemeinsam zu sterben. Der gemeinsame Tod war genau geplant. Am 20. November 1811 fuhren sie mit einer Kutsche von Berlin an den Kleinen Wannsee und übernachteten im Ausflugslokal »Neuer Krug«. Sie waren heiter und gelöst, verfassten Briefe, beglichen Rechnungen, trafen letzte Verfügungen und gaben Geschenke in Auftrag. Am 21. November 1811 erschoss Kleist zuerst Henriette und dann sich selbst. Mit Abschiedsbriefen, einem letzten Abendessen in einem Ausflugslokal und der Wahl eines Hügels oberhalb des Kleinen Wannsees als Sterbeort inszenierte Kleist den Dop-

■ Inszenierung seines Todes (1811)

23 Müller-Salget (siehe Anm. 20), S. 23, zit. nach: Heinrich von Kleist, *Sämtliche Werke und Briefe*, hrsg. von Ilse-Marie Barth, Klaus Müller-Salget, Stefan Ormanns und Hinrich C. Seeba, 4 Bde., Frankfurt a. M. 1987–1997, Bd. 4: *Briefe von und an Heinrich von Kleist*, 1997, S. 509.

peltod. In seinem letzten Brief an seine Schwester Ulrike begründete er seinen Freitod damit, dass ihm »auf Erden nicht zu helfen«[24] wäre.

Kleists Freitod war ein Skandal und hatte zur Folge, dass er für gemütskrank und melancholisch erklärt wurde. Dieses Bild bestimmte die Kleist-Rezeption im 19. Jahrhundert, die sich weitgehend auf den Autor und sein Leben statt auf sein Werk konzentrierte. Für die künstlerische Avantgarde wurde das Grab ab 1911, dem 100. Todestag Kleists, zu einer Kultstätte.

■ Grab als Kultstätte

■ Nachrufe

Die Todesnacht wurde Gegenstand von Nachrufen und Erzählungen, wie Tanja Langers Roman *Wir sehn uns wieder in der Ewigkeit* (2011), in der sie die letzte Nacht von H. Vogel und H. von Kleist vergegenwärtigt. Das Hörspiel *Bei Stimming am Wannsee* von Hans Rothe (1966) widmet sich ebenfalls den letzten Stunden. Die Inschrift auf der Grabplatte »Nun, o Unsterblichkeit, bist du ganz mein« ist ein Zitat aus *Prinz Friedrich von Homburg* (V. 1830).

Werkübersicht

Das Werk von Kleist umfasst acht Dramen, acht Erzählungen, Anekdoten, Fabeln, Gedichte, Essays und politische und publizistische Schriften. Von seiner politischen Lyrik ist vor allem das Gedicht *Germania an ihre Kinder* (1811) bekannt, in dem Kleist zu einem Vernichtungskrieg gegen Frankreich aufruft. Es hatte auf-

24 Heinrich von Kleist, *Sämtliche Werke und Briefe*, hrsg. von Helmut Sembdner, Bd. 2, München 1952, S. 924 f.

grund seiner nationalistischen Tendenz eine nachhaltige Wirkung bis in die Zeit des Nationalsozialismus.

Das dramatische Werk

1803 ***Die Familie Schroffenstein. Ein Trauerspiel in fünf Aufzügen.*** UA 1804 in Graz mit wenig Erfolg. Aufgrund eines alten Erbvertrages, der die Eigentumsverhältnisse regelt, haben sich die Stämme der Familie Schroffenstein, das Haus Rossitz und Warwand, zerstritten. Wechselseitige Beschuldigungen, Missverständnisse und Verdächtigungen führen zu einer Kette von Gewalttaten. Als die Väter ihre eigenen Kinder, die sich ineinander verliebt haben und zum Schutze die Kleider getauscht haben, versehentlich erschlagen, versöhnen sie sich und erkennen die Sinnlosigkeit des Tötens.

1807 ***Amphitryon. Ein Lustspiel nach Molière.*** UA 1899 am Neuen Theater Berlin. Kleist folgt der Bearbeitung des antiken Stoffes von Molière (1668). Der Gott Jupiter erscheint Alkmene in Gestalt ihres Mannes, des Feldherrn Amphitryon, und verbringt während dessen Abwesenheit eine Liebesnacht mit ihr. Alkmene ahnt, dass sie betrogen worden ist. Als ihr beide Gestalten von Amphitryon gegenüberstehen, kann sie sie nicht unterscheiden. In diesem Spiel mit Schein und Wahrheit zweifelt sie an ihren Gefühlen und ihrer Identität. Am Ende liebt sie nur, was ihr in Gestalt Amphitryons erscheint. Das Stück wurde begeistert aufgenommen.

1808 ***Penthesilea. Ein Trauerspiel*** mit Bezugnahme auf Homers *Ilias* (2. Hälfte des 8. Jh. v. Chr.). UA 1876 im Königlichen Schauspielhaus Berlin. Penthesilea ist die Königin der Amazonen, die in die Schlacht um Troja einfallen. Zwischen ihr und Achill, dem Anführer der Griechen, findet ein Liebes- und Verfolgungskampf statt, der am Ende aufgrund von vielen Missverständnissen in die Katastrophe führt: Penthesilea tötet Achill in einem Zweikampf und zerfleischt mit ihren Kampfhunden seinen Körper. Als sie ihren Irrtum erkennt, tötet sie sich selbst. Die Szenen voll Gewalt und Grausamkeit und eine zerstörerische Heldin haben Abscheu und Entsetzen beim Publikum hervorgerufen.

1808 ***Robert Guiskard, Herzog der Normänner. Ein Trauerspiel.*** UA 1901 am Berliner Theater. Kleist greift auf den mittelalterlichen Stoff vom Feldzug der Normannen unter Führung Robert Guiskards gegen die byzantinische Herrschaft zurück. Das Drama spielt in Konstantinopel zu Zeiten der Pest. Eine Volksmenge fordert angesichts der Bedrohung durch die Pest von Guiskard, die Belagerung Konstantinopels aufzugeben und in die Heimat zurückzukehren. Dem stellen sich Guiskards Sohn, seine Tochter und sein Neffe Abälard entgegen. Innerhalb der Dynastie spielt sich ein Machtkampf um die Erbfolge ab. Die Konfliktlage spitzt sich zu, als Abälard öffentlich macht, dass Guiskard sich mit der Pest infiziert hat. Kleist ist mit diesem Projekt, in dem es um Fragen der Legitimation von Herrschaft geht, gescheitert.

1810 ***Das Käthchen von Heilbronn oder Die Feuerprobe. Ein großes historisches Ritterschauspiel.*** UA 1810 im Theater an der Wien. Vor dem Einsatz der eigentlichen Handlung haben der Graf Wetter vom Strahl und Käthchen jeweils einen Traum, in dem ihm eine Kaisertochter und ihr ein schöner Ritter vorhergesagt wird. Während Käthchen im Grafen den künftigen Bräutigam erkennt, hält er Kunigunde für die versprochene Kaisertochter und lässt sich von ihr täuschen. In einer Erkennungsszene entdeckt der Graf, dass Käthchen die Tochter des Kaisers ist, der vor 16 Jahren ein Verhältnis mit ihrer Mutter hatte. Der Graf verstößt Kunigunde und heiratet Käthchen. Das Stück wurde zu Kleists meistgespieltem Bühnenstück im 19. Jahrhundert.

1811 ***Der zerbrochene Krug.*** UA 1808 in Weimar unter der Regie von Goethe scheiterte. Die Handlung spielt im späten 17. Jahrhundert in den Niederlanden. Der Dorfrichter Adam muss über eine Klage gegen Eves Verlobten entscheiden. Er wird beschuldigt, nachts bei Eve eingestiegen und einen Krug zerbrochen zu haben. In Wirklichkeit war es der Richter Adam, der Eve durch eine Erpressung gefügig machen wollte und nun seine Tat zu vertuschen versucht. Er verstrickt sich fortlaufend in Lügen, um die Aufklärung zu verhindern. Am Ende wird er durch mehrere Indizien überführt. Das Stück ist voller Wortwitz, Falschaussagen und Verdrehungen von Fakten und gehört heute zu den meistgespielten Komödien.

1821 ***Die Hermannsschlacht.*** UA 1839 in Pyrmont. Das Drama handelt vom Aufstand der Germanen unter Hermann, dem Fürsten der Cherusker, gegen die römischen Besatzer unter ihrem Anführer Quintilius Varus. Es stellt eine zeitgeschichtliche Parallele zum von Napoleon 1806 besiegten Preußen her und sollte zum Aufstand gegen die französische Besatzung aufrufen. Hermann arbeitet mit Mitteln der Intrige, der politischen Propaganda und des Betrugs. In seinem Auftrag morden, brennen und plündern seine Gefolgsleute. Als das germanische Mädchen Hally von Römern vergewaltigt und daraufhin von ihrem Vater erstochen wird, lässt Hermann sie in 15 Stücke zerteilen, die er an die germanischen Stämme schickt, um sie zum Aufstand aufzurufen. Sie schlagen die Römer im Teutoburger Wald. In der Zeit des Nationalsozialismus wurde das Drama zu einem Heldenstück, das den Gründungsmythos der Deutschen vorführen sollte.

1821 ***Prinz Friedrich von Homburg oder die Schlacht bei Fehrbellin.*** UA 1821 am Wiener Burgtheater. Das Drama spielt in der Nacht vor der Schlacht von Fehrbellin (1675) und handelt von der Missachtung eines Befehls. Der preußische General Prinz von Homburg unterläuft den Befehl des Kurfürsten Friedrich Wilhelm von Brandenburg und greift, ohne das Signal für den Angriff abzuwarten, die feindlichen Truppen an. Als gegen ihn eine Anklage zum Tod erhoben wird, erniedrigt er sich aus Angst und fleht um sein Leben. Der Kurfürst begnadigt ihn unter der Bedingung, dass Homburg das Urteil für ungerecht hält. Der Prinz aber erkennt das Urteil als rechtmäßig an und gewinnt dadurch seine Würde und seinen Heldenstatus zurück. Darauf wird er vom Kurfürsten begnadigt. Das Stück erhielt 1828 Aufführungsverbot durch Friedrich Wilhelm III., weil Homburgs Todesfurcht nicht dem Bild eines preußischen Helden entsprach. Im 19. und 20. Jahrhundert wurde es für nationalistische Kriegspropaganda instrumentalisiert.

Novellen und Erzählungen

1810 und 1811 erschienen zwei Erzählbände mit insgesamt acht Erzählungen. In Band I der Erzählungen folgt *Die Marquise von O…* auf *Michael Kohlhaas*. Alle Erzählungen bis auf *Der Findling* und *Der Zweikampf* sind zuvor in Zeitschriften veröffentlicht worden.

Band 1 der Erzählungen (1810):

1808 *Michael Kohlhaas.* Mitte des 16. Jahrhunderts wird dem Rosshändler Michael Kohlhaas Unrecht zugefügt, und er will sich mit Mitteln der Gewalt und Zerstörung sein Recht verschaffen: Kohlhaas muss an der Landesgrenze zu Sachsen, weil er den angeblich nötigen Passierschein nicht vorweisen kann, seine Pferde als Pfand zurücklassen. Diese werden zur Feldarbeit eingesetzt und sind nach seiner Rückkehr wertlos geworden. Als Kohlhaas' Klage auf Wiederherstellung der Pferde abgeschlagen wird, startet er einen Rachefeldzug. In einem Prozess wird ihm schließlich sein Recht zugesprochen, jedoch wird er wegen Landesverrats zum Tode verurteilt. Die Novelle enthält eine Kritik an der Willkür und Korruption der feudalen Herrschaft und zeigt den Kampf eines Einzelnen um Anerkennung als Rechtssubjekt innerhalb des Staates. Da Kohlhaas das Recht mit Gewalt durchsetzen will, wird er vom Opfer zum Täter.

1807 ***Das Erdbeben in Chili.*** Die Novelle spielt 1647 in St. Jago im Königreich Chili und bezieht sich auf ein Erdbeben, das am 13. Mai 1647 in Santiago de Chile stattfand. Jeronimo Rugera ist des Verbrechens angeklagt, ein heimliches Verhältnis zu Donna Josephe zu haben. Sie wird nach der Geburt ihres gemeinsamen Kindes zum Tode verurteilt. Als sich Jeronimo im Gefängnis erhängen will, findet ein großes Erdbeben statt. Er kann aus dem beschädigten Gefängnis entkommen und findet in einem Tal Josephe mit ihrem Sohn wieder. Im Tal der Geretteten entsteht ein paradisischer Naturzustand, in dem alle Menschen gleich und zu einer großen ›Familie‹ vereint sind. Doch wird dieser friedliche Zustand zerstört. In einer Dankesmesse werden Jeronimo und Josephe für das Erdbeben verantwortlich gemacht und vom aufgebrachten Mob getötet; ihr

Sohn überlebt. Die Novelle handelt von der Vision eines humanen gesellschaftlichen Zusammenlebens und ihrer Zerstörung und übt Kritik an der scheinheiligen Moral der Gesellschaft und der Herrschaft der katholischen Kirche.

Band II der Erzählungen (1811):

1811 ***Die Verlobung in St. Domingo.*** Anfang des 18. Jahrhunderts findet in St. Domingo (Vorlage ist Saint-Domingue, ein ehemals französisch besetztes Gebiet, das heute zu Haiti gehört) ein Sklavenaufstand gegen die französischen Kolonialisten statt. Congo Hoango, der den Sklavenaufstand anführt, benutzt seine Lebensgefährtin Babekan und ihre Tochter Toni für seine politischen Zwecke. Als ein Schweizer Offizier Schutz im Hause Congos sucht, verliebt sich Toni in ihn und betrachtet sich nach einer gemeinsamen Nacht als seine Verlobte. Aufgrund eines Missverständnisses glaubt er, Toni habe ihn verraten, und erschießt sie. Als er seinen Irrtum erkennt, erschießt er sich selbst. Thematisch geht es um Liebe über Grenzen ethnischer Zugehörigkeit hinweg, um Verrat und Misstrauen.

1810 ***Das Bettelweib von Locarno.*** Als ein Marchese von seiner Jagd zurückkehrt und in einem Zimmer ein Bettelweib vorfindet, das seine Frau aus Mitleid dort untergebracht hat, weist er es an, sich an den Ofen zu legen. Das Bettelweib geht durch das Zimmer, stürzt und verletzt sich so schwer, dass es stirbt. Nach Jahren versucht der inzwischen verarmte Marchese vergeblich, sein Schloss zu verkaufen, weil es dort angeblich spukt. Der Marchese überzeugt sich davon, dass der Spuk tatsächlich existiert, und steckt vor Entsetzen das Schloss in Brand. Er kommt darin um.

1811 ***Der Findling.*** Der römische Kaufmann Antonio Piachi verliert durch die Pest in Rom seinen Sohn und nimmt den verwaisten Jungen Nicolo an seines Sohnes statt mit nach Hause. Nicolo erhält eine Ausbildung und übernimmt später die Geschäfte von Piachi. Er ist betrügerisch und versucht, Piachis Ehefrau zu vergewaltigen. Das kann Piachi gerade noch verhindern. Darauf vertreibt Nicolo seine Adoptiveltern aus dem Haus. Elvira stirbt vor Gram; Piachi rächt sich, tötet Nicolo und wird dafür gehängt. Erzählt wird die Verfallsgeschichte einer Familie. Der Findling steht für eine sozial ungebundene, entwurzelte Existenz.

1810 ***Die heilige Cäcilie oder die Gewalt der Musik.*** Die Legende spielt im späten 16. Jahrhundert zur Zeit der Bilderstürme in den Niederlanden. Vier Brüder aus den Niederlanden wollen im Aachener Kloster der heiligen Cäcilie alle Bilder zerstören. Die Nonnen führen unter der Leitung der schwerkranken Schwester Antonia ein Oratorium auf, das alle Zuhörer fesselt. Die vier Männer geben ihr Vorhaben auf. Sechs Jahre später findet die Mutter ihre Söhne in einer Irrenanstalt wieder, in der sie nur beten und um Mitternacht das Gloria in excelsis (ein

Hymnus zu Ehren Gottes) anstimmen. Nach Auffassung der Äbtissin und des Papstes hat die heilige Cäcilie, die Schutzpatronin der Musik, in Gestalt der Antonia das Oratorium geleitet und durch die Musik ein Wunder, nämlich den Sinneswandel der Brüder, bewirkt.

1811 ***Der Zweikampf*** handelt von einem Kriminalfall im 14. Jahrhundert. Der Graf Jakob, der Rotbart, gerät in Verdacht, seinen Halbbruder aus Habgier ermordet zu haben. Die Anklage wird niedergeschlagen, da der Graf zum Beweis seiner Unschuld ein nächtliches Treffen mit Frau Wittib Littegarde von Auerstein als Alibi anführt. Der Kämmerer Friedrich von Trota glaubt nicht an das Verhältnis Littegardes mit dem Grafen und ist bereit, die Wahrheit dem Gottesurteil zu unterwerfen und ihre ›Unschuld‹ in einem Zweikampf mit Graf Jakob zu beweisen. Er unterliegt selbst und wird mit Littegarde zum Feuertode verurteilt. Die Aufdeckung einer Intrige beweist jedoch die Unschuld Littegardes. Friedrich und Littegarde sind vor dem Scheiterhaufen gerettet und heiraten. Die Erzählung stellt das Gottesurteil als Mittel der Wahrheitsfindung infrage.

Schriften

1810 *Über das Marionettentheater*

Der Essay erschien 1810 in den *Berliner Abendblättern*. Er besteht aus einem Rahmengespräch zwischen einem Ich-Erzähler und einem Solotänzer der Oper, Herrn C., und drei Binnenerzählungen. Erörtert werden Fragen der Schönheit in Bewegung, Grazie und Anmut. Für Kleist ist Grazie, die beim Tanzen entsteht, nur in einem reflexionslosen Zustand möglich. Die natürliche Anmut ist an Unschuld gebunden und sie geht verloren, sobald ein Mensch ein Bewusstsein seiner selbst entwickelt.

1810 *Empfindungen vor Friedrichs Seelandschaft*
Es handelt sich um einen kunsttheoretischen Essay, der sich auf Caspar David Friedrichs Gemälde *Der Mönch am Meer* (entstanden zwischen 1808 und 1810) bezieht. Er wurde 1810 in den *Berliner Abendblättern* veröffentlicht Der einsame Mönch inmitten einer unerhörten, grenzenlosen Weite erlaubt es dem Betrachter nicht, die Landschaft als schön wahrzunehmen, sondern sie wirkt bedrohlich auf ihn. Das Bild irritiert nach Kleist die Sehgewohnheiten und stellt einen Bruch mit den Konventionen der Landschaftsmalerei, der ein neues Sehen ermöglicht, dar.

1878 *Über die allmähliche Verfertigung der Gedanken beim Reden*
In dem Aufsatz, verfasst 1805/06, veröffentlicht 1878 in der Zeitschrift *Nord und Süd*, geht es um den Zusammenhang von Denken und Sprechen und die Funktion des Redens für die Lösung von Problemen. Kleist führt in einer Gesprächssituation mit einem fingierten Partner vor, wie Gedanken während des mündlichen Sprechens entstehen. Der Redner wendet sich nicht mehr an den Hörer,

sondern an sich selbst und wird in der Rede zu einem erkennenden Subjekt.

Literaturgeschichtliche Einordnung

Die Literaturwissenschaft hat sich schwer damit getan, Kleist literaturgeschichtlich einzuordnen. Er war durch die Aufklärung geprägt, aber auch durch die Romantik. Antiklassische Züge seines Werkes zeigen sich in Gewaltszenen und maßlosen, zerstörerischen Figuren, die klassischen Kunstprinzipien von Harmonie, Symmetrie und Einheit widersprachen.

Das Zeitalter der Aufklärung umfasst das gesamte 18. Jahrhundert und ist bei aller Unterschiedlichkeit seiner einzelnen Phasen und philosophischen und literarischen Strömungen durch gemeinsame Tendenzen charakterisiert:[25] Im Mittelpunkt steht die Vernunft. Sie wird zum Leitbild menschlichen Handelns. Mittels seiner Fähigkeit zu denken kann der Mensch ein selbstbestimmtes, mündiges Leben führen und sich von Aberglaube und Vorurteilen befreien. Grundlegend ist der erzieherische Gedanke, dass der Mensch zu einer tugendhaften und vernünftigen Lebensführung erzogen werden könne. Im Zeichen der Aufklärung steht das Bemühen des Individuums, sich aus der Unmündigkeit zu befreien und von geltenden Konventionen und Wertvorstellungen der bürgerlichen Gesellschaft freizumachen.

■ Aufklärung

■ Vernunft

25 Peter-André Alt, *Aufklärung. Lehrbuch Germanistik*, Stuttgart [3]2007, S. 11–14.

Aufklärerischen Forderungen entspricht die Marquise, die sich in einem entscheidenden Moment existenzieller Bedrohung emanzipiert, ihr Leben selbst in die Hand nimmt und eigene Entscheidungen trifft (Mitnahme der Kinder, Rückzug aufs Landgut, Zeitungsannonce). Bürgerliche Normen, Werte, geltendes Recht und männliche Autoritäten werden in der Novelle infrage gestellt. Die prinzipielle Kritik an Vorurteilen zeigt sich im Vorwurf gegenüber der Marquise, sie würde lügen und wisse sehr wohl um das Zustandekommen ihrer Schwangerschaft. Diese Haltung entsprach den vorgefassten medizinischen und juristischen Meinungen von außerehelich schwanger gewordenen Frauen.

Empfindsamkeit

Enge Bezüge Kleists bestehen zur Empfindsamkeit, einer Strömung der europäischen Aufklärung (ca. 1740–90). Für die Empfindsamkeit standen Gefühle im Mittelpunkt, die sie wiederum mit Moral verband. Zur Begründung der Empfindsamkeit und ihrer Ethik des Gefühls hat wesentlich die britische Moralphilosophie des 17./18. Jahrhunderts beigetragen. Anthony A. C. Shaftesbury (1671–1713) entwickelte eine neue Lehre des moralischen Sinns und der Empfindungen, die auf die Empfindsamkeit in Frankreich, England und Deutschland sehr einflussreich war. Nach ihr verfügt der Mensch über das Vermögen, Gut und Böse zu unterscheiden. Tugend als die Fähigkeit, sich moralisch gut zu verhalten, wurde zu einem zentralen Begriff der Empfindsamkeit. Aber Vernunft und Gefühl, Reflexion und Empfinden stehen nicht in einem Gegensatz, sondern sind aufeinander bezogen. Das Wissen um das, was gut oder schlecht ist, setzt die Reflexion auf unsere Handlungen und Empfindungen voraus.

Die die *Marquise* bestimmenden Motive Ohnmacht, Tugend und Vergewaltigung spielten in der englischen und deutschen Literatur der Empfindsamkeit eine bedeutende Rolle. Verhandelt wird die Moralität der Titelheldin. Die Unmoral liegt jedoch nicht in der Sexualität, sondern in der Täuschung. Damit wird der Tugendbegriff der Empfindsamkeit des bürgerlichen Zeitalters variiert. Die Körpersprache und die überreizten Gefühlsregungen der Figuren mit Tränen, Schluchzen und Ohnmachten sind noch Überbleibsel des empfindsamen Romans, der Gefühle und Rührungen kultivierte. Der Graf F… steht zwar in der literarischen Tradition der männlichen Figuren in den Romanen *Pamela* (1740) und *Clarissa* (1748) von Samuel Richardson, doch muss er nicht zur moralischen Einsicht erzogen werden. Kleist geht es nicht um die Besserung des Täters und den Sieg des moralisch Guten, sondern darum, die Fehlbarkeit und Widersprüchlichkeit des Menschen aufzuzeigen.

Romantik

Anders als seine romantischen Zeitgenossen lehnte Kleist Bereiche des Übernatürlichen, Phantastischen und Wunderbaren ab, auch wenn er spukhafte Elemente (*Das Bettelweib von Locarno*) verwendet hat. Parallelen zu Romantikern wie E. T. A. Hoffmann bestehen hingegen im Scheitern von Figuren und ihrem Herausfallen aus gesicherten Ordnungen, einer verrätselten Umwelt, die die Figuren in eine Identitätskrise stürzt. Das Zerbrechen sozialer und emotionaler Ordnungen und die Verunsicherung des Ich durch Verstrickungen in rätselhafte Geschehnisse sind auch Thema der *Marquise*.

8. Rezeption

Kleists Wirkung

Nachdem die erste Hälfte des 19. Jahrhunderts Kleist weitgehend ignoriert hatte, wurden um 1860 seine vaterländischen Dramen neu entdeckt und im Rahmen des deutschen Einigungsprozesses ideologisch in Anspruch genommen. Mit seinem 100. Todestag 1911 setzte eine verstärkte Rezeption seines Werkes ein. Kleists Inhalte, Formen und Figuren wurden als Ausdruck einer modernen Erfahrung von Wirklichkeit und Identitätsproblematik angesehen. Das Zerstörerische und Maßlose von Figuren wie Michael Kohlhaas und Penthesilea und das Zerbrechen von sozialen, moralischen und ästhetischen Ordnungen in seinem Werk galten als Bruch mit der Tradition und wurden von der Moderne (z. B. Franz Kafka, Rainer Maria Rilke, Alfred Döblin) positiv aufgenommen. Nach 1918 wurde Kleist zunehmend als deutschnationaler Dichter vereinnahmt und in den 1930er Jahren zum Klassiker des nationalsozialistischen Deutschlands ernannt. Er galt als größter Dichter im neuen Deutschland. Allein seine *Hermannsschlacht*, die zum Gründungsmythos des Dritten Reiches erklärt wurde, wurde 1933/34 146-mal auf Bühnen aufgeführt.

Rezeption in der DDR

Die Literaturkritik der DDR grenzte Kleist als reaktionären preußischen Junker und dekadenten Autor aus ihrem Kanon aus. Kleists Bruch mit Maßstäben der deutschen Klassik entsprach nicht der offiziellen Kunstprogrammatik, die am bürgerlich-humanistischen Erbe von Lessing, Goethe und Schiller ausgerichtet war. Eine Korrektur begann nach dem Rücktritt Walter Ulbrichts (1971) und der Liberalisierung der Kulturpolitik. Gegen das Bild eines kranken Autors wandten sich Schriftsteller wie Günter Kunert (*Pamphlet für K.* 1975) und Christa Wolff (*Kein Ort. Nirgends* 1979).

Rezeption in der BRD

In der BRD erlebte Kleist in den 1970er/80er Jahren in Film und Theater eine Renaissance. Das Interesse galt u. a. der Infragestellung der bürgerlichen Familie in der *Marquise von O...* und dem *Findling*.

Zeitgenössische Rezeption der *Marquise von O...*

Die zeitgenössischen Leserinnen und Leser und die Literaturkritik haben *Die Marquise von O...* größtenteils als anstößig abgelehnt. Sie empfanden die Behandlung eines gewaltsamen sexuellen Aktes und die Schwangerschaft einer unverheirateten Frau als skandalös. Dagegen hob Wilhelm Grimm im November 1810 die positiven Züge der Heldin hervor: »– ja die Schandtat dient nur dazu, die hohe Charakterwürde der unglücklichen Marquise in ihrer ganzen Herrlichkeit zu entwickeln [...].«[26] Im Laufe des 19. Jahrhunderts gewann die Novelle zunehmend an Ansehen. Theodor Fontane lobte sie ausdrücklich: »[...] die Entwicklung und Durchführung zählt zu dem Glänzendsten, Besten und Liebenswürdigsten.«[27]

26 Helmut Sembdner (Hrsg.), *Heinrich von Kleist. Nachruhm. Eine Wirkungsgeschichte in Dokumenten*, 4., erw. Aufl., München 1996, S. 308.

27 Sembdner (siehe Anm. 26), S. 572.

In der langen Interpretationsgeschichte der Novelle zeichnen sich folgende Deutungsansätze ab:

Gerhard Frickes Studie von 1929[28], nach der die Heldin sich in einem Akt der Selbstfindung gegen ein zum »Schicksal« dämonisiertes Geschehen behauptet, eröffnete eine existenzialistische Deutungsrichtung, die bis Mitte des 20. Jahrhunderts sehr einflussreich war. In ihr wurde der Aspekt der Selbstbehauptung und des Verhaltens des Einzelnen in einer als rätselhaft erfahrenen Welt hervorgehoben.[29]

■ Existenzialistische Deutungen

In den 1970er Jahren verschob sich das Forschungsinteresse auf psychoanalytisch fundierte Ansätze, die die Frage der Glaubwürdigkeit der Marquise in den Mittelpunkt rückten. Sie gingen von der Verdrängung erotischer Wünsche im Zustand der Bewusstlosigkeit und dem Wissen der Marquise um das Zustandekommen der Schwangerschaft aus. Hauptvertreter dieses Ansatzes waren Dorrit Cohn und Heinz Politzer (siehe den Abschnitt »Die Ohnmacht« in Kap. 6).[30] Dieser Ansatz ist inzwischen in den Hintergrund getreten.

■ Psychoanalytische Deutungen

Während Dirk Grathoff[31] sich der Funktion von Sprache, Schrift und Textstruktur zuwandte, arbeite-

28 Gerhard Fricke, *Gefühl und Schicksal bei Heinrich von Kleist. Studien über den inneren Vorgang im Leben und Schaffen des Dichters,* Berlin 1929 (Nachdruck Darmstadt 1975).

29 Walter Müller-Seidel, »Die Struktur des Widerspruchs in Kleists *Marquise von O...*«, in: *Heinrich von Kleist. Aufsätze und Essays*, hrsg. von W. M.-S., Darmstadt 1967, S. 244–268.

30 Cohn (siehe Anm. 14), S. 129–144; Politzer (siehe Anm. 14), S. 74.

31 Grathoff (siehe Anm. 2), S. 97–131.

te Jochen Schmidt in seiner Studie von 2003[32] die literaturgeschichtlichen Bezüge der *Marquise von O...* heraus und hob die Bedeutung fundierter philologischer Arbeiten zu den Quellen und zur Besonderheit des Erzählens bei Kleist hervor.

Gesellschaftskritische Deutungen

In den 1980er Jahren bildeten die patriarchalische Familienstruktur und das Verhältnis von Gewalt und Familie den Gegenstand von Untersuchungen.[33] Die Novelle wurde als eine Kritik an der kleinbürgerlichen Familie und der Doppelbödigkeit ihrer Moral angesehen. Eine breite Debatte löste die Frage der Emanzipation der Marquise aus. Im Unterschied zur Mehrheitsmeinung, dass die Emanzipation gescheitert sei und die Marquise am Ende in die tradierte Frauenrolle zurückfalle, gehen Schmidt und Müller-Salget von einer erfolgreichen Selbstfindung aus.[34] Sie deuten die Veröffentlichung der Zeitungsannonce als Ausdruck von Selbständigkeit im Handeln und einer neuen Unabhängigkeit der Marquise.

Kulturgeschichtliche Deutungen

Anfang des 20. Jahrhunderts setzten sich sozial- und kulturgeschichtliche Deutungsansätze durch, die den Zusammenhang von Vergewaltigung, Ohnmacht und Moral unter Berücksichtigung rechtshistorischer

32 Jochen Schmidt, *Heinrich von Kleist. Die Dramen und Erzählungen in ihrer Epoche*, Darmstadt 2003, ³2011, S. 197–207.

33 Grathoff (siehe Anm. 2); Moering (siehe Anm. 6), S. 233, 238.

34 Jochen Schmidt, »*Die Marquise von O...*«, in: *Interpretationen. Kleists Erzählungen*, hrsg. von Walter Hinderer, Stuttgart 1998, S. 75–77; Müller-Salget (siehe Anm. 20), S. 185.

und medizinischer Aspekte herausarbeiteten.[35] Sie grenzten sich von psychoanalytischen Interpretationen ab und vertraten die These von der Unschuld und Glaubwürdigkeit der Marquise. Gegenüber vorhergehenden Forschungen, die die Titelheldin in den Mittelpunkt rückten, fokussierten sie stärker auf den Täter und die Schuldfrage.

Kleist fand in der wilhelminischen Zeit ab den 1890er Jahren Eingang in den schulischen Lektürekanon. Im Nationalsozialismus erhielt Kleist mit dem *Prinzen Friedrich von Homburg* und der *Hermannsschlacht* einen festen Platz im Lehrplan. Zwischen 1945 und 1970 gehörten der *Prinz Friedrich von Homburg, Der zerbrochene Krug* und *Michael Kohlhaas* zu den verbindlichen Texten im Literaturunterricht. Ab den 1970er Jahren entstand eine Reihe von Einzelinterpretationen, Unterrichtshilfen und didaktischen Bearbeitungen der *Marquise von O....* Sie trugen mit dazu bei, dass die Novelle bis zur Gegenwart zum festen Bestand der Schullektüre gehört. Sie wird vorwiegend in der gymnasialen Oberstufe gelesen und ist Gegenstand von Abiturprüfungen in den einzelnen Ländern.

Schullektüre

Kleists *Marquise von O...* hat mehrere Erzählungen in der deutschsprachigen Literatur beeinflusst. Dazu gehört Heinrich Zschokkes *Tantchen Rosmarin, oder Alles verkehrt* (1812). Mit der gerichtlichen Verurteilung des Täters stellt Zschokkes Erzählung einen

Literarische Bearbeitungen

35 Dane (siehe Anm. 11); Künzel (siehe Anm. 10).

Ausnahmefall in der Literatur dar.[36] Das halb ohnmächtige Suschen wird vergewaltigt, und ihre Tante erkämpft in einem Prozess Recht für sie. Alles endet mit einer glücklichen Ehe. Auch E. T. A. Hoffmann greift in seiner Erzählung *Das Gelübde* aus den *Nachtstücken* (1817) das Motiv der unwissentlichen Schwängerung einer Frau auf.

Bühnenbearbeitungen

Die Novelle eignet sich aufgrund ihrer Handlungsdominanz, der geringen Anzahl von Szenen mit wechselnden Figuren und der hohen Anteile an Figurenrede besonders gut für eine Dramatisierung. Nach frühen Bühnenbearbeitungen in den 1920er Jahren fanden weitere Dramatisierungen statt, die die Handlung in die Zeit der napoleonischen Kriege verlegten: Ferdinand Bruckners *Die Marquise von O.* (1933), Alfred Günthers *Hauptmann Fabian* (1934), Egon Günthers *Kampfregel* (1969) und Hartmut Langes *Die Gräfin von Rathenow* (1969/73). Dagegen spielt Wilhelm Heims »Komödie des Vorurteils« *Die Marquise von O…*, aufgeführt 1948 am Wiener Burgtheater, in Modena in den Jahren 1796/97. Frank Castorf inszenierte das Stück 2012 an der Berliner Volksbühne.

Verfilmungen

Während sich der 1920 aufgeführte Stummfilm von Paul Legband kaum an die Vorlage hält, folgt Éric Rohmers Verfilmung *Die Marquise von O…* (1976) weitgehend dem Originaltext. Rohmer verlegt jedoch die Fie-

36 Alexander Košenina, »Ratlose Schwestern der Marquise von O…. Rätselhafte Schwangerschaften in populären Fallgeschichten – von Pitaval bis Spieß«, in: *Kleist-Jahrbuch* 2006, S. 45–59, hier: S. 51.

Abb. 6: Gartenszene in der Verfilmung von Éric Rohmer (1976) mit Bruno Ganz als Graf und Edith Clever als Marquise – © United Archives GmbH / Alamy Stock Photo

bererzählung des Grafen ans Ende, betont erotische Aspekte und lässt die Vergewaltigung während des Schlafes geschehen. Der Film hatte bedeutende Auswirkungen auf die internationale Rezeption Kleists. Hans-Jürgen Syberberg bietet ein vierstündiges filmisches Kammerspiel *Die Marquise von O…* (1989, TV-Uraufführung 1992). Viel freier geht die filmische Adaption *Julietta – Es ist nicht wie du denkst* (2001) von Jochen Bitzer und Christoph Stark mit der Vorlage um. Der Film wendet sich an ein jugendliches Publikum und lässt die Handlung auf der Berliner Love Parade spielen. Julietta wird aufgrund der Einnahme von Drogen ohnmächtig und von einem vermeintlichen Sanitäter vergewaltigt. Dazu ist 2001 eine Romanvorlage von Martina Georg (*Julietta*) entstanden, die in der Filmkritik wenig positiv aufgenommen wurde.

Fotoroman

Der Regisseur Andreas von Flotow hat 2011 zum 200. Todestag von Kleist einen Fotoroman[37] herausgebracht. Es handelt sich um eine Montage des Originaltextes mit 64 Farbaufnahmen aus der Verfilmung von É. Rohmer. Text und Bild erhellen sich gegenseitig.

Aktualität

Auch wenn die heutigen Leserinnen und Leser zu jener Zeit, den übersteigerten Gefühlsreaktionen der Figuren und den zugrundeliegenden Moral- und Tugendvorstellungen der Novelle eine große Distanz haben, behandelt der Text zeitübergreifende Themen, die ihm eine aktuelle Bedeutung geben. Sexuelle Gewalt, die Rechtslage bei Sexualstraftaten und Vorurteile gegenüber weiblichen Opfern haben in den letzten Jahren durch die seit 2007 geführte MeToo-Debatte eine hohe Aufmerksamkeit in den sozialen Medien erhalten. Sie wurde ausgelöst durch sexuelle Übergriffe und Vergewaltigungen durch Prominente, die ihre Machtposition gegenüber Frauen ausgenutzt haben. Die betroffenen Frauen machten diese Taten schließlich öffentlich.

Die Verbindung von Vergewaltigung und Ohnmacht ist ein aktuelles Thema durch den Einsatz sogenannter Partydrogen und Date-Rape-Drogen. Dabei

37 Heinrich von Kleist, *Die Marquise von O...*, mit Filmbildern von Éric Rohmer, München 2011.

betäuben die Täter ihre Opfer heimlich, etwa mit durch narkotisierende Drogen versetzten Getränken, um sie wehrlos zu machen und vergewaltigen zu können. Da das Opfer sich in der Regel nicht an die Tat erinnern kann, ist es schwierig, die Vergewaltigung strafrechtlich nachzuweisen, geschweige denn die Täter ausfindig zu machen.

Von gesellschaftspolitischer und juristischer Bedeutung ist auch heute die Frage, ob der Mensch einen moralischen Sinn besitzt und fähig ist, sein Handeln nach moralischen Grundsätzen und Rechtsnormen auszurichten. Die Schriftstellerin und Juristin Juli Zeh beispielsweise vertritt in einem *Zeit*-Interview die feste Überzeugung, dass der Mensch mit einem »Sinn für Moral«, »der Fähigkeit, zwischen richtig und falsch zu unterscheiden«, auf die Welt komme.[38] An den Figuren ihrer Romane zeigt sie, in welchen moralischen Zwiespalt Einzelne geraten können.

38 Juli Zeh, »Ich weiß, wie sich das anfühlt.«, Interview mit Sabine Rückert, in: *Die Zeit*, Nr. 15 vom 2. April 2020, S. 18.

9. Prüfungsaufgaben mit Lösungshinweisen

Aufgabe 1: Charakterisierung des Grafen F...

Arbeitsauftrag: Charakterisieren Sie den Grafen F... nach seinen äußeren und inneren Merkmalen, seinem Verhalten und seiner moralischen Einstellung und bestimmen Sie die Funktion der Figur in der Novelle.

Lösungshinweise

Allgemeine Anforderungen

Teils wird die Figur des Grafen direkt im Text charakterisiert und teils indirekt. Sein Vergehen, seine Gefühle und Einstellungen können nur aus seinen Äußerungen, seiner Körpersprache und einzelnen Handlungen erschlossen werden. Für die Funktionsbestimmung der Figur muss das gesamte Handlungs- und Konfliktgeschehen betrachtet werden.

Inhaltliche Aspekte

Äußere Merkmale: Der Graf ist vermögend und hat als adliger Offizier und Kriegsheld, der durch mehrere Orden ausgezeichnet wurde (S. 6), eine hohe soziale Stellung und einen guten Ruf. Er beherrscht gesellschaftliche Konventionen (französische Anrede [S. 5]), tritt höflich wie ein Ehrenmann und Kavalier auf (bietet ihr den Arm [S. 5]) und ist attraktiv (S. 9). Er hat keine eigene Familie, nur einen Onkel, den General K... (S. 12).

Innere Merkmale: Entschlossenes, zielbestimmtes Handeln ist bezeichnend für ihn. Er rettet die Marquise und bestraft die Soldaten für ihre Misshandlungen, stürzt sich in der Zitadelle in den Kampf und beendet ihn, wirbt nachhaltig um die Hand der Marquise und dringt gegen ihr Verbot in das Landgut ein. Er ist gefühlvoll und liebt die Marquise. Daher kann er auch warten und Demütigungen der Marquise ertragen, um sein Ziel zu erreichen, das Vertrauen und die Zuneigung der Marquise zu gewinnen.

Vergehen: Die Vergewaltigung der ohnmächtigen Marquise wird im Text selbst nicht dargestellt. Die Leserinnen und Leser können aber aus einzelnen Äußerungen des Grafen, wie dem Ausruf »Julietta! Diese Kugel rächt dich!« (S. 8) und der Geschichte vom Schwan (S. 17), Rückschlüsse auf sein Vergehen ziehen.

Einstellungen: Der Graf hat moralisches Bewusstsein. Er weiß, dass er ein Verbrechen begangen hat, und bereut es. Scham, Reue und Schuldgefühl drücken sich in seiner Körpersprache, seinem Erröten und Erblassen (S. 7, 12, 17) und verschiedenen verbalen Äußerungen wie »die einzige nichtswürdige Handlung, die er in seinem Leben begangen hätte« (S. 12) aus.

Verhalten: Mehrfach versucht er, seine Tat zu gestehen, wird jedoch zunächst nicht verstanden oder will nicht gehört werden: die Fiebererzählung vom Schwan (S. 17), die Gartenszene (S. 31), Antwortannonce (S. 34), die Offenbarung am Dritten (S. 44).

Konsequenzen seines Handelns: Aus seinem Verbrechen zieht der Graf Konsequenzen. Er möchte die Marquise heiraten, um seine Tat wiedergutzumachen und den Verlust des Rufes und der Ehre der Marquise zu verhindern, aber auch, weil er sie liebt. Als er bei seiner zweiten Werbung abgewiesen wird (S. 31), entschließt er sich, zu bekennen, dass er der Kindsvater ist, und gibt anonym eine Antwortannonce auf.

Mehrschichtigkeit der Figur: Der Graf ist eine mehrschichtige Figur. Er rettet die Marquise, missbraucht ihr Vertrauen und vergewaltigt sie trotz des Wissens, dass er ein Verbrechen begeht. Aber er entspricht auch nicht dem Typus des skrupellosen Schurken oder Bösewichts. Er ist zugleich Retter und Vergewaltiger, Liebender und Gewalttätiger; ein Mensch voller Fehler, Widersprüche und guten wie negativen Eigenschaften.

Funktion der Figur: Innerhalb der Novelle löst der Graf durch seine Vergewaltigung der bewusstlosen Marquise den Konflikt aus und stürzt sie ins Unglück. Doch nicht die Tat und die Verurteilung des Täters stehen im Mittelpunkt der Novelle, sondern die Folgen der Tat für die Marquise und die Beziehung zwischen Opfer und Täter.

Aufgabe 2: Analyse eines Textauszugs

Arbeitsauftrag: Analysieren Sie den Textabschnitt, in dem sich die Marquise auf ihr Landgut zurückgezogen hat (S. 28, Zeile 24 [»Und so war der …«] bis S. 29, Zeile 16 [»… am Eingang dieser Erzählung gelesen hat.«]), unter folgenden Aspekten: Warum gibt sie die Zeitungsannonce auf und welche Funktion hat die Anzeige im Gesamtaufbau der Novelle?

Lösungshinweise

Allgemeine Anforderungen

Die Aufgabe erfordert mehrere Arbeitsschritte: Beschreibung der äußeren und inneren Situation der Marquise, Herleitung der Motive, die Zeitungsanzeige aufzugeben, Bestimmung der Folgen dieses Schrittes für das weitere Handlungsgeschehen, Einordnung der Anzeige in den Gesamtzusammenhang der Novelle unter Anwendung von Wissen über Gattungsmerkmale.

Inhaltliche Aspekte

Äußere Situation: Die Vergewaltigung hat eine Schwangerschaft zur Folge. Trotz der Beteuerung, unschuldig zu sein und nicht zu wissen, wie sie schwanger geworden ist (S. 24, 25), glaubt ihr die Familie nicht. Sie halten sie für eine Lügnerin und verstoßen sie. Die Marquise verliert die Familie als soziale und emotionale Gemeinschaft und ist erstmalig ganz auf sich gestellt. Das Landgut bietet ihr einen Raum des Rückzugs und des Schutzes nach außen.

Innere Situation: Die Vergewaltigung hat nicht nur die Schwangerschaft und soziale Ausgrenzung zur Folge, sondern auch die Verletzung der körperlichen und psychischen Unversehrtheit der Marquise. Im Bewusstsein ihrer Unschuld wehrt sie sich und gibt die Anzeige auf, um den Vater des Kindes aufzufordern, sich zu melden. Mit diesem Schritt befreit sie sich aus der tradierten Frauenrolle und gewinnt ein neues Selbstbewusstsein. Sie stellt sich gegen die Welt und unterläuft gesellschaftliche Konventionen, die Schwangerschaft einer unverheirateten Frau und Sexualität totzuschweigen und nach außen den Schein der bürgerlichen Ordnung zu wahren.

Motive: Mit dem Aufruf an den Kindsvater will sie das uneheliche Kind schützen und ihm eine Zukunft innerhalb der Gesellschaft sichern, aber mehr noch will sie wissen, wer sie wann und wie sexuell missbraucht hat. Sie kämpft um ihre Identität, die auf ihrer Unschuld beruht, und um die Wahrheit.

Folgen der Anzeige: Das Zeitungsinserat bestätigt die Meinung des Vaters, sie würde täuschen und sei eine Heuchlerin (S. 34). Als der Graf die Anzeige liest, fasst er den Entschluss, anonym mit einer Zeitungsanzeige zu antworten und sich als Kindsvater zu erkennen zu geben.

Funktion: Die Zeitungsanzeige stellt innerhalb der Novelle eine dramaturgische Spitze dar und leitet eine

Wende ein, die zur Aufdeckung der Identität des Täters, der Versöhnung und den beiden Heiraten am Ende führt. Sie teilt die Novelle in zwei Erzählabschnitte ein und ist durch die Anfangsstellung im Text hervorgehoben. Mit der Anzeige, die viele Fragen aufwirft, wird ein rätselhafter Fall zum Ausgang des Erzählgeschehens gemacht, das im weiteren Verlauf auf die Lösung des Falles hinsteuert.

Aufgabe 3: Erörtern Sie die Glaubwürdigkeitsfrage der Marquise.

Arbeitsauftrag: Analysieren Sie, warum die Marquise von ihrer Familie als unglaubwürdige und unsittliche Lügnerin angesehen wird, und ordnen Sie die Haltung der Familie in den zeitgenössischen medizinisch-juristischen Zusammenhang ein. Nennen Sie Argumente, die für die Glaubwürdigkeit der Marquise sprechen.

Lösungshinweise

Allgemeine Anforderungen

Für die Erörterung der Glaubwürdigkeitsfrage der Titelheldin sind mehrere Interpretationsschritte nötig: Deutung der Reaktion der Familie auf die Schwangerschaft der Marquise, das Einbeziehen des medizinischen und rechtshistorischen Kontextes und die Berücksichtigung mehrerer, sich im Verlauf des Textes ändernder Verhaltensweisen der Marquise.

Inhaltliche Aspekte

Familie: Für die Familie und ihr bürgerliches Moralverständnis ist die Schwangerschaft ihrer unverheirateten Tochter ein Schock.

Schwangerschaft: Die Schwangerschaft verweist auf ein sexuelles Geschehen. Trotz Beteuerung der Marquise, unschuldig zu sein (S. 23, 24), bezweifelt die Familie, dass sie über das Zustandekommen der Schwangerschaft nichts weiß und unschuldig ist. Sie unterstellt ihr, sie zu täuschen, um das eigene erotische Begehren zu verbergen und nach außen als tugendhaft dazustehen (S. 24, 34). Auf den Gedanken, dass die Marquise die Wahrheit sagt und selbst getäuscht worden sein könnte, kommt sie nicht. Die Schwangerschaft beschädigt nicht nur das Ansehen der Tochter, sondern auch das der Familie. Um die Familienehre zu retten, verstößt der Vater die Tochter (S. 27).

Glaubwürdigkeit: Da die Marquise keinerlei Erinnerung an eine Situation hat, die ihre Schwangerschaft verursacht haben könnte, und aufgrund ihrer Ohnmacht in der Brandnacht tatsächlich nichts weiß, beteuert sie zwar verzweifelt ihre Unschuld, aber sie kann sie nicht beweisen.

Kontexte: Zwei Vorurteile der zeitgenössischen Medizin werden gegenüber der Marquise geltend gemacht: Eine Empfängnis sei nicht ohne sexuelle Beteiligung der

Frau möglich und die Schwangerschaft einer unverheirateten Frau sei stets ein Hinweis darauf, dass sie heimlich ihre Sexualität ausgelebt habe. Die Hebamme spricht vom »muntere[n] Korsar, der zur Nachtzeit gelandet« (S. 25), die Mutter verurteilt die Tochter als Lügnerin, und der Vater verspottet sie höhnisch »Sie hat es im Schlaf getan« (S. 34).

Argumente: Für die Glaubwürdigkeit der Marquise spricht, dass sie

- die Prüfung ihres Zustandes durch Arzt und Hebamme selbst anregt;
- die Hilfestellung der Hebamme, die Schwangerschaft zu verbergen, ablehnt;
- die Schwangerschaft in der Zeitungsannonce bekannt macht, obwohl sie das Kind heimlich hätte austragen können;
- den Bruch mit der Familie riskiert;
- bei der Beteuerung ihrer Unschuld bleibt, obwohl die Mutter bereit wäre, einen Fehltritt zu verzeihen, aber keine Lüge (S. 24).

10. Literaturhinweise/Medienempfehlungen

Ausgaben

Heinrich von Kleist: *Die Marquise von O....* Hrsg. von Wolfgang Pütz. Stuttgart: Reclam, 2013. (Reclam XL. Text und Kontext. 19127.) – *Nach dieser Ausgabe wird zitiert.*

Heinrich von Kleist: Sämtliche Werke und Briefe in 4 Bänden. Hrsg. von Ilse-Marie Barth, Klaus Müller-Salget, Stefan Ormanns, Hinrich C. Seeba. Frankfurt a. M.: Deutscher Klassiker Verlag, 1987–1997.

Biographien

Amann, Wilhelm: Heinrich von Kleist. Leben, Werk, Wirkung. Berlin: Suhrkamp, 2011. (Suhrkamp Basis-Biographie. 49.) [Eine schlanke, fundierte und lesbare Biographie.]

Bisky, Jens: Kleist. Eine Biographie. Berlin: Rowohlt, 2007. [Eine gut geschriebene Biographie mit Darstellung der politischen, zeitgeschichtlichen und geistesgeschichtlichen Hintergründe von Kleists Leben und Werken.]

Staengle, Peter: Heinrich von Kleist. Sein Leben. 4., aktual. Aufl. Heilbronn: Kleist-Archiv Sembdner, 2011. [Gut lesbare Einführung, vermittelt auf verständliche, anschauliche Weise biographisches Wissen.]

Zum Gesamtwerk Heinrich von Kleists

Breuer, Ingo (Hrsg.): Kleist-Handbuch. Leben – Werk – Wirkung. Stuttgart/Weimar: J. B. Metzler, 2009. [Gut geeignet als Nachschlagewerk zur Lebensgeschichte Kleists, zu einzelnen Werken, Wirkungen und leitenden Themen.]

Müller-Salget, Klaus: Heinrich von Kleist. 2., durchges. Aufl. Stuttgart: Reclam, 2011. (Reclams Universal-Bibliothek. 17635.) [Ein fachlich verlässlicher Überblick über Kleists Leben und Werk mit kritischer Sichtung der Sekundärliteratur.]

Erläuterungen zur *Marquise von O…*

Doering, Sabine (Hrsg.): Erläuterungen und Dokumente. Heinrich von Kleist. *Die Marquise von O….* Stuttgart: Reclam, 2014 [u. ö.]. (Reclams Universal-Bibliothek. 8196.) [Enthält wertvolle und nützliche Informationen mit ausgewähltem Quellen-/Rezeptionsmaterial.]

Grathoff, Dirk: *Die Marquise von O….* Drei Annäherungsversuche an eine komplexe Textstruktur. In: Interpretationen. Erzählungen und Novellen des 19. Jahrhunderts. Bd. 1. Stuttgart: Reclam, 1988. (Reclams Universal-Bibliothek. 8413.) S. 97–131. [Eine vielzitierte Interpretation, die die Funktion der Sprache und Sprachlosigkeit akzentuiert.]

Schmidt, Jochen: *Die Marquise von O….* In: Interpretationen. Kleists Erzählungen. Hrsg. von Walter Hinderer. Stuttgart: Reclam, 1998. (Reclams Universal-Bibliothek. 17505.) S. 67–84. [Eine differenzierte Interpretation, die den Aufbau der Novelle und die Bezüge zur Aufklärung herausarbeitet.]

Didaktische Bearbeitungen

Bacher, Suzan / Pütz, Wolfgang: Heinrich von Kleist: *Die Marquise von O.... Das Erdbeben in Chili.* Stuttgart: Klett, 2009. (Klett Lektürehilfen.) [Ein klar strukturiertes Buch und eine genaue Analyse der Novelle mit praktischer Ausrichtung auf den Deutschunterricht.]

Janke, Daniela: Heinrich von Kleist. *Die Marquise von O...* ...verstehen. Paderborn: Schöningh, 2017. (EinFach Deutsch.) [Eine gut lesbare Interpretation mit Schwerpunkt auf Familienstrukturen.]

Jürgens, Dirk: Heinrich von Kleist. *Die Marquise von O....* Hollfeld: Bange, 2014. (Königs Erläuterungen. 461.) [Eine verständlich geschriebene Analyse der Novelle mit einer einleitenden Schnellübersicht, knappen Zusammenfassungen der Kapitel und Prüfungsaufgaben mit Lösungen.]

Hörbücher

Joachim Schönfeld liest Heinrich von Kleist, *Die Marquise von O....* Sprecher: Joachim Schönfeld. Regie: Dirk Schwibbert. Berlin: Argon Verlag, 2006.

Die Marquise von O.... Sprecher: Sebastian Weber. Audible Studios, 2014.

Bühnenbearbeitungen

Die Marquise von O... (...vom Süden nach dem Norden verlegt). Regie: Hans-Jürgen Syberberg. UA: Hebbel-Theater Berlin, März 1989.

Die Marquise von O... nach Heinrich von Kleist. Regie: Frank Castorf. UA: Volksbühne Berlin, März 2012.

Verfilmungen

Die Marquise von O.... Regie: Éric Rohmer. BRD/F, 1976. [Hohe Werktreue mit verändertem Schluss und betonter Erotisierung von Szenen.]

Julietta – Es ist nicht, wie du denkst. Regie: Christoph Stark. BRD 2001. [Eine Aktualisierung des Stoffes. Es geht um die Vergewaltigung der von Drogen betäubten Julietta auf der Loveparade in Berlin.]

Fotoroman, Graphic Novel

Kleist, Heinrich von: *Die Marquise von O....* Mit Filmbildern von Éric Rohmer. Herausgabe und Nachw. von Andreas von Flotow. München: Verlag Schirmer Mosel, 2011. [Eine Text-Bild-Montage, in der Visuelles und Literarisches gut kombiniert werden.]

Die Marquise von O.... Nach Kleists *Marquise von O....* Adaptiert von Dacia Palmerino und gezeichnet von Andrea Grosso Ciponte. Aus dem Ital. übers. von Myriam Alfano. Frankfurt a. M.: editionfaust, 2015. [Eine eigene Interpretation, die das Vergewaltigungsthema, das Böse und die Selbstbehauptung der Heldin in den Vordergrund rückt.]

11. Zentrale Begriffe und Definitionen

Anekdote: eine kleine literarische Form, die eine noch unbekannte, ungewöhnliche historische Begebenheit zum Thema hat. Sie war vor allem in der Aufklärung beliebt.
➤ S. 40, 42

Aufklärung: Epoche, die das ganze 18. Jahrhundert umfasst. Sie fordert den Menschen dazu auf, seinen Verstand zu nutzen, um zu eigenen Einsichten und eigenem Wissen zu gelangen. Sie tritt für die Selbstbestimmung und Mündigkeit des Menschen ein, zu der der Mensch nach Immanuel Kant[39] kraft seiner Vernunft und seines Denkens fähig ist. Sie ist für religiöse Toleranz und Gleichheit des Menschen und lehnt Vorurteile, christliche Dogmen und Institutionen von Staat, Gerichtsbarkeit und Kirche ab.
➤ S. 70, 72, 78, 100, 101

Außensicht: Darstellung einer Figur von außen, ohne Einblick in ihr Inneres, ihre Gedanken und Gefühle (= Innensicht) zu geben.
➤ S. 16, 31

Empfindsamkeit: eine literarische Strömung innerhalb des aufgeklärten Zeitalters etwa von 1740 bis 1790. Sie stellt das Gefühl, das als Ausdruck der Natur des Menschen gesehen wird, in den Mittelpunkt. Empfindungen werden mit der Fähigkeit des Menschen, sich moralisch gut zu verhalten, verbunden. Vernunft und Gefühl, Denken und Empfinden stehen jedoch nicht in einem Gegen-

39 Immanuel Kant, »Was ist Aufklärung?«, in: *Berlinische Monatsschrift* 12 (1783) S. 481–494.

satz zueinander, sondern gehören zusammen. Im empfindsamen Roman Mitte des 18. Jahrhunderts ist die Ohnmacht in Verbindung mit einer Vergewaltigung und der Tugend der Heldin ein zentrales Thema, wie in den Briefromanen des Engländers Samuel Richardson (*Pamela* [1740], *Clarissa* [1748]). Auch die *Geschichte des Fräuleins von Sternheim* (1771) von Sophie von La Roche verhandelt das Thema »weibliche Tugend« und »Unschuld«. Die Heldin kann gegen viele Anfechtungen ihre Tugend behaupten und endet nicht mit dem Tod. Im empfindsamen Roman wird die Ohnmacht zum Zeichen der Tugend der Frau, deren sittliche Unschuld immer wieder angezweifelt wird.

➤ S. 53, 101, 102

Epigramm: kurzes, zweizeiliges Sinn- oder Spottgedicht.

➤ S. 64

Erzähler, auktorialer: erkennbar daran, dass er über einen breiten Überblick und über ein breites Wissen über die erzählte Welt verfügt, so dass er Einblick in das Innere von Figuren hat, von Zukünftigem berichten kann und Vergangenes im Nachhinein nachtragen kann. Typisch ist auch die Leseransprache.

➤ S. 29

Erzähler, unzuverlässiger: den Aussagen und Wertungen des Erzählers ist nicht zu trauen. Fraglich ist, ob die Fakten stimmen, ob er etwas weiß oder nicht weiß, so dass die Leserinnen und Leser im Ungewissen bleiben, was wirklich geschehen ist.

➤ S. 30, 31

Erzählgegenwart: Zeitpunkt des Erzählens, der nicht unbedingt mit dem Zeitpunkt der Geschehnisse in der erzählten Welt zusammenfällt.

➤ S. 26

Figurenrede: alles, was eine Figur sagt, im Unterschied zum Erzählerbericht bzw. der Erzählerrede.

➤ S. 109

fiktiv: erdacht, erfunden, nicht real.

➤ S. 68

Gedankenstrich: wird seit ca. 1600 verwendet und kennzeichnete zunächst den Abbruch einer Rede. Er wurde zuerst im Drama verwendet, ab dem 18. Jahrhundert auch in der erzählenden Literatur und Lyrik. Er hat unterschiedliche Funktionen: Redeabbruch, Übergang von einem Sprecher zum nächsten, inhaltliche Auslassungen, Zeitsprünge, Perspektivenwechsel.

➤ S. 33, 34, 35

Intertext: ein Text, auf den sich ein literarischer Text bezieht und zu dem er in eine Wechselwirkung tritt.

➤ S. 43, 69

Kanon: umfasst Autoren und Werke, die von gesellschaftlichen Institutionen wie Schule, Hochschule und Literaturkritik nach ästhetischen und gesellschaftlich-politischen Kriterien und aufgrund ihrer Aktualität als wertvoll ausgezeichnet werden.

➤ S. 103, 107

Komödie: (griech. *komodía*, von *komos* ›festlicher Umzug‹, der zu Ehren des Gottes Dionysos abgehalten wurde, und *oide* ›Gesang, Ode‹) Dramenform, die sich aus kultischen Handlungen entwickelt hat und durch das gute Ende und die Komik, die durch Verwechslungen, Mimik, Kleidung und überzogene körperliche Bewegungen erzeugt wird, gekennzeichnet ist.

➤ S. 84, 92

Legende: eine Erzählung über Heilige.

➤ S. 97

Leser/Leserin: Das Erzählen ist eingebettet in eine Kommunikationssituation mit einem Erzähler und Leser/Hörer als Adressaten. Beide Instanzen gehören zur Ebene der erzählerischen Vermittlung. Der vom Erzähler angesprochene Leser ist ein fiktiver Leser im Unterschied zu einem realen Leser bzw. einer realen Leserin.

➤ S. 26, 27, 28, 29, 31, 40, 51, 65, 104, 110

Lustspiel: eine deutschsprachige Komödie mit bürgerlichen Figuren und bürgerlichen Themen wie Geld, Geldheirat, Erbschaft. Der Begriff hat sich seit dem 18. Jahrhundert in der Dichtkunst durchgesetzt.

➤ S. 82, 90

Ohnmacht: ein körperlicher und psychischer Zusammenbruch eines Menschen, der mit einem Kontrollverlust über den eigenen Körper einhergeht und oft durch einen Schrecken ausgelöst wird. Eine enge Verknüpfung der weiblichen Ohnmacht mit Vergewaltigung, Moral und sexuellem Nicht-Wissen erfolgt in der Literatur des 18. Jahrhunderts und setzt vor allem mit dem englischen Schriftsteller Samuel Richardson und seinen Romanen *Pamela* (1740) und *Clarissa* (1748) ein. Die Ohnmacht wird zum Zeichen der Tugendhaftigkeit der Frau; eine gängige Deutung war jedoch auch, dass sie zur Täuschung benutzt werde, um die eigenen erotischen Wünsche zu verbergen.

➤ S. 16, 32, 40, 41, 47, 48, 49, 53, 55, 61, 62, 101

Symbolisch: übertragene Bedeutung, nicht wörtlich Gemeintes.

➤ S. 24, 52, 60

Tragödie: (griech. *tragodía* ›Bocksgesang‹) Dramenform, die im späten 5. Jahrhundert v. Chr. entstanden ist. Bezeichnend ist das unglückliche Ende und das Wirkungsziel der Katharsis, dem Gereinigt-Werden von den Affekten Jammer/Mitleiden (Eleos) und Furcht/Schrecken (Phobos).

➤ S. 82

Vergewaltigung: (veralt. Notzucht, Schändung) Der Begriff wird erst seit etwa 100 Jahren verwendet. Je nach geltenden Rechtsnormen und religiös-moralischen Auffassungen wird die Vergewaltigung als Ehrverlust, Schande, Verletzung der Sittlichkeit und Persönlichkeit bewertet. Nach gegenwärtigem deutschem Strafrecht ist eine Vergewaltigung eine Straftat, die dann vorliegt, wenn das Recht auf sexuelle Selbstbestimmung eines Menschen verletzt wird. Im Falle einer Ohnmacht handelt es sich nach § 177 Abs. 2, Nr. 1 StGB um einen sexuellen Übergriff, der mit einer Freiheitsstrafe von sechs Monaten bis zu fünf Jahren bestraft wird.

➤ S. 8, 9, 10, 14, 21, 36, 37, 40, 46, 47, 48, 49, 52, 53, 56, 60, 61, 68, 101, 106, 109, 110